嫁接十一学校

Grafting from Beijing National Day School

六位教育者的寻变之旅

the Pathway to Innovation of Six Educators

李建平 ———————— 著

中国人民大学出版社

· 北京 ·

引言

Introduction

21世纪初，中国教育正处在急剧变革的时期，各种可能性随时都会发生。

2010年8月，北京十一学校召开了一次不同寻常的暑期工作会议，做出了一项重大决定，新学期将进行教学组织形式变革——选课走班，以此开启普通高中育人模式创新及学校转型的实践研究。从这一天起，全体师生在李希贵校长的带领下，踏上了学校转型的漫漫征途。1500天后，学校育人模式实现转型，在漫长的探索中被反复设想、不断期待的教育图景出现了。

高中育人模式转型，在中国教育界引起轰动。2014年2月，教育部首次在一所中学举行新闻发布会。从那天起，这里成为人们关注的焦点。无数人怀揣着理想与梦想，从四面八方向这里聚集，一些地方的市长亲自带队赶赴十一学校学习，有人在短短半年内接连六次进入十一学校。变革激起的波澜在这座校园里激荡，各种思想观念在这儿碰撞。

面对不一样的学校形态、不一样的教育生态，人们在惊羡它的同时，也不免有疑虑和担心："十一学校的经验究竟能不能复制？"这是所有到访者最为关注的问题。按照一般规律，一个典型出现后，人们普遍关心的是它的推广价值："究竟能在多大范围内推广？""可不可以移植、复制、嫁接？""它对解决当前困惑的现实意义以及对未来的深远意义在哪里？"

接下来，人们还要问："我能不能做？""我们学校能不能做？""我们这个地区能不能做？""我们的条件和资源可以支撑这样的改革吗？"当然，还要追问："你们究竟是怎么做到的？""改革最核心的要素是什么？""改革有哪些重要节点、关键点？""如果我要做，该从哪里入手呢？"

面对这些疑问，领导这场变革的校长李希贵直言相告："十一学校的经验不可复制，但可以嫁接。任何一所学校的经验都不可能复制，但是，可以嫁接，可以萃取其成功因素，将之移到不同的土壤中，使其与那里的气候相适应，从而产生具有共同文化基因而色彩缤纷的不同的学校。"

此言不虚。

短短两年时间内，在中国大地上，从首都北京到泉城济南，从美丽的青岛到天府之国成都，再到远在天山的新疆克拉玛依，已经有十几所学校走上了嫁接之路，并取得了很大成效。

嫁接，是植物的人工繁殖方法之一，即将一种植物的一部分固定到另外一种植物上，使其创面的形成层紧密结合，相互愈合为独立个体。被接的植物体称为砧木，接上去的枝或芽称为接穗。

那么，在被接学校这棵砧木上嫁接出来的一株株接穗，是如何生长的？在嫁接过程中，人们经历了怎样的内心冲突、蜕变与超越？完成了《中国教育寻变——北京十一学校的1500天》后，我便将目光落到他们身上，记录下一个个百转千回又耐人寻味的故事，试图通过生动的实践呈现那深邃而悠长的心灵蜕变之路。

于是，便有了我与他们的相遇。世上的一切美好都从相遇开始。

目录

Contents

王海霞：

神秘的罗盘

王海霞　北京十一学校龙樾实验中学校长

现在眼里有人了，一个一个的人，这是我最大的变化。管理的主体是人，服务的对象是人，离开了人谈管理，终将一事无成。

王海霞明确地告诉我，她为什么要从当地的龙头学校来到北京十一学校："我的内心有一种东西。我并不满足于那样做校长，尽管是在十分知名的学校。"

她来自河北邯郸，在那里，她接手过最薄弱的学校，也管理过最牛的学校，而且她所在的汉光中学在当地是一所航母式学校，可她仍然不满足。

在十一学校博物馆一层一间不大的办公室里，我和王海霞饶有兴致地聊着她北上的经历。后来我们有过许多接触，通常都是在十一学校的会议上。每次我们都会聊一会儿，慢慢地，她的故事在我的头脑中被一点点地勾勒出来。

在王海霞的脑海里，李希贵校长是一个名气很大、本事很大、位置很高的人，一般人怎能见着他？然而，她怎么也没有想到，她居然很快并且很容易就见到了李校长。

"2012 年 7 月，我第一次见到了仰慕已久的李校长。李校长亲切温和，给我留下了深刻的印象。记得那是在十一学校国际部一楼的会议室里，会议室布置得庄严、大气。我进门的时候，李校长和另外几个人已经在等我了。我们相互问候落座后，就简单聊了起来，就像在跟一个老朋友聊天儿。到现在我都不知道为什么一见到他我会那么放松、自然，这种放松和自然不是有意为之，而是自然而然的。他身上就有这种魔力。”王海霞认真地说。

冬天的天空很硬，像一整块橱窗，而天空下的校园，却软得让人从里到外感到温暖。在办公室里，王海霞向我描述了她初来十一学校时的感受。

“临走时，李校长送给我一本学校研制的‘高中课程手册’。回到家，我一口气读下来，对十一学校正在做的事肃然起敬，当时的感觉是钦佩、激动、内疚。作为教育工作者，我钦佩十一学校的改革，为接触到这样一种先进的教育而激动，同时又感到很内疚，忽然觉得特别对不起我的学生，我没有给他们提供这么好的教育，所以，当时的第一冲动就是北上学艺。”我很喜欢这样坦诚的表达。

王海霞决定进京的那一天，大雾迷漫，她只带了三箱书和书柜、写字台两样家具。

刚刚装完车就下雪了，天灰蒙蒙的，能见度很差，车开不起来，只好打着探照灯，在迷雾中通过导航仪一点儿一点儿地往前挪，早晨 9 点出发，到第二天凌晨 2 点才到十一学校，400 多公里的路程整整开了 17 个小时。

这趟进京路可谓艰难，而且无法回头。没有人知道出发之后她会走多远，抵达什么地方。对王海霞来说，44 岁，抛去所有光环，一切从零开始，心情真是难以言述，就如同一个人从锚地起航去未知的世界，她既惊慌，又兴奋。

初到十一学校，王海霞被安排在学校博物馆里办公。隔壁就是按照原样保留的首任校长林月琴的办公室，看到墙壁上老校长和蔼的照片和简朴的办公室，她感到很神圣，同时也深受激励。

博物馆一层是校史馆，校史具有独特的价值，镌刻着学校特定时期的发展轨迹与人文印记，诉说着学校往昔的校园生活与人文典故，能够深刻、持续地唤起师生的情感。作为十一的后来人，王海霞觉得应该好好学习学校的历史。于是，她认真地参观起校史馆来。然而，这一看却让她大吃一惊：在偌大的校史馆里，竟然没有看到已任校长五年的李希贵的影子。她想："这不可能吧。"在她的印象中，校史馆中最显眼的照片一定是现任校长的。"也许是没注意漏掉了。"于是她又从头到尾看了一遍。这一遍专门找李校长的照片，还是没找到。"这让我很吃惊。为什么会这样呢？若非专门叮嘱，怎么会这样？可以想象，在一所学校里，避开校长的照片不是一件轻而易举的事。"这让王海霞陷入沉思，她反复问自己："是什么样的心境让李校长做出了这样的决定呢？"

"他把老师们推到了最前面，墙上到处都是对优秀老师事迹的介绍和表彰。他把校友当成这里永远的主角。这里不但有在校学生的各种成果，而且有所有已毕业校友的照片。每一年每一届，一张挨着一张，贴满了墙。我相信，每一个返回学校的人，都能在这里找到自己的身影。那充满稚气的脸，像青春的花儿永远在这里绽放。"王海霞明白了为什么十一学校对一届届老校友都有吸引力，因为十一学校告诉他们，这里永远是他们的家。

王海霞还告诉我，她来到十一学校受到的又一次震撼是参加教育年会。那次年会的主题是“发现那棵树”，八位老师的教育故事在她面前展开了一个充满魅力的教育世界。“十一不仅给我们提供了改变教育的现实可能性，更重要的是，他们给我们留下了一种不可阻挡的力量。他们改变的不仅仅是教育，还有人要怎么活的问题。正是因此，十一走进了教育的历史，成为教育史无法绕开的一页。”这次年会给王海霞留下了极为深刻的印象。

“不要让任何人告诉你，你改变不了什么。如果我们都能在自己的领域做点事，那么我们将改变整个世界。”这是《领导力（第4版）》一书中引用的塔拉·雀奇的话。我发现，王海霞的心中有一种力量在涌动，她从未感到自己像现在这样精力充沛，也从未感到浑身充满强烈的创造欲望。

王海霞说：“每个人心中都有美丽的梦想，却少有人竭尽全力地执着追寻。十一人就属于这很少的一部分人，因此，十一不一般。要想做事，就能找到办法；若不想做事，就总能找到借口。每个人都想改变世界，而很少有人认为应该改变自己。”

2014年4月，我又一次来到十一学校，校园里已经繁花满树。我一进校门，就发现门口停了三辆大巴车，负责安排接待工作的安继军老师告诉我，这些是来自山东青岛的同行。我意识到，这里将不再有往日的宁静。果然，参观学习的人越来越多，有时一天就有好几拨，有人接连来过三四次。

对我来说，每次来到十一，都是一次整理和剖白。一批批人来到十一，十一变革在他们的心中会激起怎样的波澜？他们的内心深处发生了什么改变？这一改变又是如何发生的？

在学校的玉兰苑里，我遇到了王海霞，她直视着我的眼睛，我预感到她有话要对我说。“进入十一，最深刻的体会就是学校里的人都好极了，他们开放的胸襟、国际化的视野、超前的教育实践让我非常兴奋。学校里高手云集，不少人在专业上颇有成就，但他们都谦虚低调，互相尊重，无私分享。在这样的教育环境中，人人都把自己人性中美的一面充分展现出来，人人内心都是安全的、放松的。”

我端详着她，等待她继续说下去。“之后我就不断地想：这种环境是如何营造的呢？仔细观察后我发现，是学校的文化，是《十一学校行动纲要》把每个人的行为和价值观统一起来，大家无论干什么，都会从《十一学校行动纲要》中找依据。如果李希贵不做校长了，学校依然会这样，这是十一学校特别伟大的一点。《十一学校行动纲要》是无论谁做校长都不能违背的根本大法。”她说话时的忘我神情深深地打动了我。

“暑假的一天早上，五辆大轿车载着 280 多名教师出发了。我随同十一学校的老师一起外出研讨，没有人有怨言，没有人请假，人人都拖着重重的行李箱，里面装满了各种参考资料和等待研讨的初稿，还有离不开的笔记本电脑。一到目的地，大家第一时间便进入工作状态。”

“我跟随的物理组，今年来了 5 个新毕业的大学生，这支队伍已经有 20 多人了。大家在一阵激烈的讨论之后，便各自抱着任务忙活儿去了。”王海霞说。

王海霞接着说："隔壁就是初三数学备课组的研讨，他们在研究初三复习课的细目，刚刚送完初三的乌老师详细介绍了海淀区中考试卷的命题原则，之后带领大家讨论了一个单元的学习任务及要求。龙老师带领老师们讨论了复习课的流程，每个单元需要多少课时、每个课时讲什么，每个人都有任务，每个人都很投入。晚上10点，热烈的讨论依然在进行中。"

"回到房间后，我发现下午晒在院子里的被子忘收了，不知去向。院子里非常安静，我挨个房间寻找，从每个窗口望去都是老师们在电脑前忙碌的身影。当我来到王春易老师的房间时，隔窗望去，发现我的被子被放到她的屋子里了，而她还没回来。我知道，他们的研讨还没有结束。"

王海霞对那个场景记忆犹新，那一刻，她感受到了文化的魅力。有学者认为，学校文化是"学校群体成员做事的方式"；也有学者认为，学校文化是一个学校群体成员价值取向、信仰、态度和行为的表征，学校文化即共享的经验、集体感、归属感和团队意识，即学校个体价值和标准的积聚与融合。

王海霞发现："十一校园中有着与教师育人身份相称的文化生气，这样一个特殊的群体，以及他们周身弥漫的强大气场，是很容易让人着迷的。那是直入人心的总让我们感动的精神活力，徜徉于这样的气场中，一种创造的冲动让你无法抗拒。"那既沉静又燃烧的感觉始终伴随着她，唤起了她对教育终极问题的不断追问、对理想教育的无限憧憬。

"能让自己的智慧变成学生手中的课本，这让人感觉特别好，非常有成就感。十一人把这件事当成自我成长，在痴迷地做着。他们已经不考虑钱的问题。我忽然发现，对调动人的积极性来说，钱不是最重要的。大家已经非常认同这种做法，人人都能感受到十一文化的巨大力量。任何一个刚入职的新教师，都会不由自主地跟着转起来。”

听着不远处哗哗的流水声，凝望着远处树丛中隐约可见的红灯笼，王海霞不禁陷入了沉思：是什么力量让十一的老师们有这么大的劲头？

“我找到了答案，他们身上所有的细胞好像都在寻找机会。在十一，超越是最可贵、最带劲的。几乎每一个人都憋着一股劲，超越！超越！因为他们有目标，有奔头。那种令人惊异的热情、对新事物的追求和希望、对自己信仰的执着是很少见的，让我由衷地感佩。对热爱教育的人来说，幸福莫过于能浸泡在一种纯粹的教育环境中。而十一，为所有人营造了这种环境，从组织结构到课程设置、从丰富多彩的学生活动到严谨有序的行政管理，让我感到好像回到了教育的根本。”

王海霞告诉我：“刚来十一的时候，我经常去听老师们的分享会，听到引用最多的是《十一学校行动纲要》，引用的频率之高让我感到惊讶又佩服。其实，每一所学校都不缺乏想法和主张，很多好的理念耐人寻味，寓意深远，而且设计精美，装饰考究，张贴在教室里或者走廊上。但那往往只是校长的主张。”

我会心一笑地说：“在十一学校跟踪采访的四年里，我对这一点有着深刻的体会。十一每个人都了解学校倡导的文化，它已经成为每个人自觉遵守的价值观，每个人对自己的工作要求都很高，研究氛围浓厚，不断追求创新和突破。团队非常强调工作的主动性和高品质，团队成员互相尊重、相互帮助、互相补台，他们之间非常民主，沟通和谐，每个人的意见都能得到重视，每个人都愿意把自己的心得与经验主动和大家分享，人人都用欣赏的眼光看待同伴。学校经常组织温馨和谐、有利于促进学校团队建设的活动，学校能全面了解每位教职工的实际问题，总能及时帮助有需要者解决实际困难。”

“希贵校长常说，《十一学校行动纲要》是大家智慧的结晶，如果把它比喻成一个面包的话，那么，这个面包里，有你的面、他的糖、我的盐，有你的创造、他的坎坷、我的辛苦。它让学校里的每个人都朝向学校的战略目标前进。”我接着说。

王海霞终于明白了：“这是他们的精神谱系，它悄无声息，却弥漫在整个校园里。”

“十一人不是神，他们也面临着许多困惑、挣扎、徘徊，也是摸着石头过河，深一脚浅一脚走过来的。”我说，“哪里有什么现成的路？是他们蹚出了一条路，而且他们用亲身实践告诉我们，这条路可以通向我们理想中的地方。我在十一浸泡了四年，这是我最切身的体会。”

我打开手机，让她看了《普通高中育人模式创新及学校转型的实践研究》（此成果获得了国家级教学成果奖特等奖）的颁奖词。

十一学校着手对国家课程体系展开重大改革，构建了一套分层、分类、综合、特需的课程体系，增加了多样性和选择性，使课程的适切度明显提高；同时强化了培养学生社会责任感和实践能力的活动体系，最大限度地满足了每一位学生的个性发展需求。

十一学校进行了教学管理体系改革，构建了全面实施选课走班的教学管理体系；通过选课走班的实施，使学生自主发展的愿望和社会实践能力日渐增强。

十一学校探索了一个新型学校的组织管理架构，实现了从管理走向领导，更多地发挥了各职能部门的自主性和积极性。转型后的校园里，同伴关系、师生关系和谐，学校整体质量呈上升趋势。

十一学校的改革为我国中小学教育改革提供了一个新的方向，其育人模式在一些地区和学校推广，受到社会和媒体的广泛关注，在全国引起了较大反响。

我告诉她，有一位校长说："我们两次到十一学校学习，接触过近30位教师，他们让我们有一种感觉，就是他们越来越像希贵校长了，尤其是《十一学校行动纲要》中提倡的'追求卓越，反对平庸，拒绝低劣'，更是在老师们身上体现得淋漓尽致。也许这种'像'就是传播与感染的力量，就是实实在在的影响力吧！"

"我们过去的学校管理缺乏文化支撑，因此，要重塑我们的学校文化。那么，这种高度认同的学校文化是如何形成的？这种大家共同遵守的价值观是如何确立的？那些行为习惯又是怎么养成的？"一个又一个问题在王海霞的脑海中冒出来。

这时，她在本子上写了一个大大的“人”字。

一段时间以来，十一学校博物馆一层的一间办公室晚上总是亮着灯，有时甚至午夜时分还亮着，那是王海霞在读书或者整理白天的学习笔记。

来十一之前，王海霞做过河北省邯郸市第二十六中学校长。2008 年 4 月，她受命于危难之际，用自己的管理智慧和人格魅力使这所薄弱学校在短短两年半的时间内发生了巨大变化，成为全国教育均衡发展的典型。后来她又调入当地一所优质学校 —— 汉光中学任校长。这所学校规模很大，有三个校区，在她的带领下，这所老牌名校在两年内又焕发出新的蓬勃生机。

自从她进入十一这座园子，日子就变得不一样了，一下子安静下来。此后一段时间里，她常独自坐在办公室里，阅读有关十一的书。

“我在这里‘闭关’修炼了 1000 多天，如同跨过了炼狱之门。这是一场心灵的博弈，最重要的是直面自己，对人生、对教育有了系统的反思，对自己生命的意义有了重新发现、把握与追求。今天，在十一校园里，当我有机会与李校长对话时，我渴望提升自己对教育的体验与理解。如果不到十一学校学习，解决一些困惑可能还需要若干年的摸索，还会走很多弯路。十一学校对我的影响可以形容为刷新和升级了我的系统，使我对教育的理解有了一个质的飞跃。看来，要想前行，就得离开现在停留的地方。其实，寻找的过程就是重新建构自己的过程，让我们在不断寻找中发现新的自己。”她的坦诚让我感动。

“了解越多心里越慌。”王海霞看书有记笔记的习惯，来十一学校不久，就记了满满几大本。她爱人一看说：“你这哪里是经验、体会？全是检查呀！”

“是的，写了两年半的检查，把自己挖得骨头疼。自我更新，就像在锅上烙饼，翻过来翻过去，刻骨铭心。”王海霞在深刻地自我剖析。

“它微妙地重新教育我们，重塑我们对自己内心的理解，并且调整我们的行为方式。”王海霞一边看书，一边做批注，花花绿绿、密密麻麻的批注连起来，竟然成了一幅幅精美的思维导图，成为她今天重新做校长的神秘罗盘。“长时间看不到自己的问题，现在看到了，既心痛又欣喜。如果环境不改变，我恐怕一辈子也看不到自己的问题。现在有一股力量支撑着我，我有信心走好未来的路，尽管这条路充满挑战。”王海霞的语气在加重。

“如果不努力更新自己，我们周围就会形成一层硬壳，最终我们就会变得麻木。我们知道，化蛹成蝶是一个艰难而痛苦的过程。然而，蝶变之后，会让人大吃一惊。”王海霞用这样的话鼓励自己。

“很久以来很少这样气定神闲地读书了。”王海霞十分感慨，“当我们静下来的时候，我们才有能力凝视和倾听，它会唤起我们对自身的新的发现、对世界的不断追问、对生活的敏感、对教育理想的追求。”

雨过天晴，空气格外清新，树木更加郁郁葱葱，王海霞穿过玉兰苑，朝高中楼北侧的松林书苑走去。一进门，她发现一位三十多岁的女士在忙前忙后，便好奇地问："这不是学生开办的书店吗？"那位女士说："是啊，学生很忙，我是下岗职工，是被他们聘过来帮忙的。"王海霞听了差点儿笑出来。"十一的学生真牛哇！这么小就知道雇人了。我不禁对十一的学生肃然起敬，更对十一学校的办学理念由衷地感佩。担当不是在课堂上能学到的，而是在一件件小事中培养出来的。"王海霞的内心久久不能平静。

十一学校就像个小社会。王海霞不禁感慨："这是一个怎样的校园哪！里面有200多个社团，无数个'行业'和'职业'——从乐仁咖啡馆到每天在食堂前叫卖的'流动摊点'，从'银行行长'到申请贷款的商户，从'模联'主席到'印刷厂'职员，等等。当今社会，有多少职业在20世纪或者更远的年代是不存在的。几年后，会有哪些职业消失，又会诞生哪些新兴职业呢？学校培养出来的人才要面对的是有无限可能的未来，他们没有创新能力，没有合作和沟通能力，行吗？地球都成村了，不了解地球那边的世界，没有全球意识，行吗？而这些能力和意识，今天必须让孩子们准备好。为未来培养具有创新精神和实践能力的人，这是教育工作者对社会、对国家真正的责任。"走在这样的校园里，王海霞不断地思考学校教育的使命到底是什么。

2013年4月20号，四川雅安发生地震。这一天是周六，没想到十一学校周一升旗仪式的主题是"雅安要坚强"。"活动组织得充分、及时，说明学生经常关注社会上发生的事，他们时刻与天下同忧，与天下同乐！在这样一种环境下长大的孩子怎么会没有民族担当和社会责任感呢？"站在操场上，王海霞又一次感慨。

每年的两个小学段，都是学生热盼的时间，因为这是游学课程实施的时间。2014 年春季小学段临近，而外界的坏消息一个又一个传来。

马航客机失联，虽然每天都在播报搜救情况，但搜救工作依然毫无进展。之后又传来海南某校春游车辆侧翻，8 名学生当场遇难，30 多名学生受伤的消息。当社会上再一次掀起要不要组织学生外出的激烈争论时，忽然又传来韩国客轮沉没，200 多名学生失踪的噩耗。看着电视上客轮打捞进展的报道，听到沉船事故中侥幸获救的一名教师因发起这次游学而内疚自杀，王海霞心里有说不出的沉痛，关于学生外出游学的话题从来没有像今天这样沉重。

“这个时候，如果你是校长，你还会坚持让自己的学生外出游学吗？”一连几天，王海霞脑子里都在问这个问题。让她没有想到的是，十一学校依旧按计划在认真而更加细致地准备游学课程。在教师会上，李希贵校长只说了一句话：“学生需要知识，但更需要见识，我们不能因噎废食。”

经过仔细观察，王海霞发现，十一学校绝不是在盲目地坚持。提前两个月，游学项目组的老师们就忙碌起来了。历史、地理、政治、生物老师根据初中段的学习内容，就课堂上难以达到的课程目标，设计了走出去体验的学习方式。游学课程研究、线路考察、游学活动组织招标、对旅行社服务设定诊断细则并进行考评、游学课程手册编制、游学质量评价办法学习、安全知识学习、家校沟通、师生培训（包括谁来负责提醒司机，防止司机发困等细节）、导游培训、校医全程跟队等，甚至学生晚上谁和谁住一个房间、吃饭谁和谁坐一桌都考虑到了。晚上两次查房、检查游学作业、教师大厅值班、回来后交流分享等各种细节的安排，老师们背后做了很多准备。

由于学校实行分布式领导，历史、地理、生物、政治老师都是游学活动的组织者，年级主任、带队校长都要听从他们的安排。这时王海霞惊喜地发现："这些老师还有那么好的组织和领导才能。其实，每个人都有巨大的潜力，当你大胆放手，让他意识到责任和重托的时候，他的能量真的让你不可小觑。"

"这次游学共有 9 条线路，我和学生一起去绍兴 — 杭州线。一路上孩子们在老师的带领下瞻仰周恩来故居，沉浸在鲁迅的"百草园"中，穿行于如画的会稽山上，游览王羲之《兰亭集序》的诞生地，听导游讲王献之的"太"字故事，走沈园再吟《钗头凤》，游西溪叹自然天成，你会感到孩子们有多么幸福、多么幸运。这时，你会更坚定地认为，让学生走出来有多么必要。"王海霞饶有兴致地向我介绍参加游学的感受。

"一路上孩子们自己背着行囊，安检、检票……你会想，一定要让学生在校期间尽可能多地走向社会。他们只有经历得多了，走入社会后才会更顺利，父母才会更放心。"

"如果我们把教育仅仅当成工作，为了减少麻烦，降低风险，不让学生出游不失为一个好的选择。然而，如果你有孩子，在孩子成长中的花季，我相信，任何父母，若有条件，一定会愿意带孩子去读出游这本无字书，不管它有多麻烦。我们做教育，真的要有视学生如子女的情怀。"王海霞显得很激动。

稍微停顿了一下，王海霞继续说，近距离接触李希贵校长，才发现他对学生的爱是那么深。“‘教育要充满爱’，这句话已经被用滥了，可大家做得怎么样呢？然而，你看到李校长就知道什么叫爱学生，你看他看学生的眼神、他与学生交往的状态、他那发自内心的笑。如何走进学生的心灵，怎样才是真的为他们好？为了找到办法，我们曾经殚精竭虑，甚至战战兢兢，付出了那么多努力，效果却不尽如人意；而十一为我们提供了一个端口，那就是一切都是为了学生的发展。”

看得出来，在这座校园里，王海霞真真切切地感受到了复杂的管理除去制度、机制外，还有充满人性的温暖和爱，从此，她就对这温暖和爱怀着憧憬与追求。

王海霞在日记里写道：“在十一学校的日子如同一本书，一本色彩斑斓的书，一本耐人寻味的书，多少精彩的章节、多少深刻的寓意，只有在那特定的时空才能读到，才能读懂。”

已经是放学的时间了，告别了王海霞，我走出办公室，校园里散发着说不出的宁静与华美。走出十一学校的大门，如火的晚霞将天空照得通红。

一天下午，王海霞在初中部六层和老师们讨论后，抱着笔记本走进电梯，一群学生也跟着走进去。他们背着书包，有的个头还没有长起来，有的已经高出她一头。他们眼神单纯，神情俏皮，精神抖擞，青春气息逼人，一看就是初一年级的学生。

站在他们身边，王海霞心中忽然涌出一份感动。“中学对一个人一辈子的影响是很特别的。他们在人生最美好的季节，毫不设防、坦然地接受我们，给我们机会走近他们、影响他们。感谢他们，能让我在他们最美好的季节里陪伴他们。”忽然，她对自己的言行紧张起来。“我有没有在无意间给他们带来一点儿伤害呢？”

李希贵校长曾经语重心长地对她说：“初中阶段是人生最重要的阶段，小学时人还小，高中时已经定型。初中阶段存在无限可能，心理健康了，人就能健康成长；找到方向了，人就有无穷的动力；基础打好了，就可以奠定高中的优秀学业；习惯养成了，就会助力一生的发展。所以，初中最重要的是要让学生明确自己的定位，有好心态、好习惯、好方法。教育要做的是发现学生、影响学生、引导学生。我们要守好这三年，用好这三年。”王海霞听后生发无限感慨，这所学校真正是为了每一个学生！当一所学校真正是为了每一个学生的时候，才是真正地做教育。

荣光楼映照在艳阳下，周围的银杏、古柏显得愈加苍翠，走在校园里，王海霞忽然觉得心像被洗了一样。还是这片土地，还是这座校园，此刻，意义却变得不一样了。所有的景物对她来说都有了特别的意味，她忽然有了一种踏实的感觉。

回到办公室，她在笔记本上写下这样一段话：

> 我心中藏着一幅浪漫的画面：当我老了的时候，我坐在高大的榕树下，一群群孩子从我身边跑过，微风吹起我花白的头发。在幸福的岁月里，我慢慢地老去……

2013 年 7 月，对忙了一年，不，是忙了三年的学校、老师、学生和家长来说，就两个字：放松。

然而，十一学校与其他学校的放松方式比起来，差别很大。

女儿从学校拿回来一份毕业季活动安排，其中活动有十几项，时间是两天。哇！这让我大感意外，继而是惊喜与亢奋。学生不是毕业了吗？毕业了就意味着学校的任务完成了，师生之间和学生之间无外乎惜别、拥抱、握手、拜拜。

可十一学校不这样。

他们把学生毕业离校设计为一个“季”。既然是一个“季”，就必然有若干个“节”。于是，我决定去看个究竟。

写下这几段文字后，王海霞便开始了长达两个星期的跟踪。

王海霞很好奇：这是一个什么样的毕业季呀？谁愿意为已经考完的学生费那么大劲呢？在这两天中，谢师会是毕业季的开场戏，那么，他们是怎么“谢师”的呢？

王海霞发现，学生并没有请老师下馆子吃海参、鲍鱼，喝燕窝汤。早上 8 点不到，学生已经坐满了球场，旁边还坐着一些家长。主席台的背景是学生设计的彩喷画。穿着十一校服的飘逸少女在舞台上翩翩起舞，那洋溢着青春活力的眼神似乎在说：“谢谢老师，您教给我的我都记下了。”

让王海霞没想到的是，谢师会的第一个节目竟然是高三老师给学生献舞。老师们放下课堂上的矜持，一改往日的装束，身着漂亮的红黑搭配的健身服英姿飒爽地出场，伴随着学生中最流行的歌曲尽情舞蹈。所有学生大声尖叫，报以雷鸣般的掌声。那轻盈、婆娑的舞姿像是在说："孩子们，不，朋友们，你们要走了，对你们的感谢，我们就用舞姿表示接受吧。"

王海霞又是一阵激动，十一的老师们不仅学养深厚，多才多艺，而且愿意放下身段，在学生面前跳着并不专业的舞步，只为和学生同乐。一直以来，他们就是这样做的，在他们眼里，学生才是最重要的。

接下来的环节是学生为每一个学科老师颁奖。学生手捧鲜花来到老师面前，表达对老师的感恩。学生手捧鲜花走上讲台跟老师们一个个拥抱，就像即将远行的孩子和母亲告别。每个老师接过鲜花后都会有一段寄语，语文老师南红英说："这几天我在想，还有什么没有让你们带走……"历史老师说："和你们在一起的日子，就是我的生命史……"数学老师说："十一学校的宽松环境让你们埋下了创造的种子，到社会那个广阔的空间去迎着风雨开花吧！"英语组的一位老师若有所思，似在喃喃自语："希望你们带走鱼的时候，也带走渔……"

此时，王海霞的一个同学恰好打来电话，约她参加他的孩子的谢师宴。她下意识地问："有没有'渔'？"答曰："当然，是鲍鱼。"她没有笑。

当校长被请上台去接受学生赠送给学校的礼物时，他说："这个礼物我非常喜欢，因为在这张你们自己画的学校教学楼上，写满了你们每个人的名字。"在李希贵校长看来，毕业是一门课程，是学校最后送给学生的重要礼物。

“十一学校教孩子们学会了感恩，而学会感恩是做人的根本和一生的财富。”对于这一点，王海霞有了更深的体会。

“第二天上午，是正式的毕业典礼，会场布置得庄严、大气。体育馆里，昨天载歌载舞的青春少年，今天却像换了一个人似的，他们身着毕业礼服，戴着毕业帽，安安静静地坐在那里，等待着庄严、神圣的时刻。礼服仿照的是学士服的风格，学生服的主色调是黑色，代表沉着、坚定；教师服的主色调是红色，代表激情、奉献。衣服上都精心刺上了十一学校的LOGO。这个活动照例是学生策划的，也是学生主持的。”

“9点整，庄严的国歌响起，全体师生肃立，四个学生擎旗手迈正步手执国旗入场。第一项活动是出旗，四个帅气的小伙子手持国旗四角正步走上台去，庄严的国歌让我们每个人都心潮澎湃。”

“接下来是校长讲话。李校长没拿稿子，没有开场白，没有大道理，一开口便直奔主题。据说那是他一贯的风格。他先是回顾了历史上的今天，然后顺着历史的脉络自然地讲到了今天，讲到了十一学校，讲到了在座的学生……坦率地说，那是一次简短的即席发言，但就是这个发言，瞬间架起了他与每一个学生心灵之间的桥梁。学生不时发出会心的微笑，并爆发出阵阵掌声。此时他们才真正知道：能够让学生以如此独特的方式摄入知识、启迪人生、面对未来的十一学校，其本身就是一件作品，而它的作者，就是他们可爱的校长。”王海霞感慨良多。

“校长给学生颁发毕业证书的仪式就像将军为归来的勇士颁发勋

章。每个人走过长长的红地毯，在大家的祝福声中隆重地走上讲台，先把自己的心愿卡插在心愿树上，然后脱帽郑重地向国旗、校旗敬礼。然后整理衣冠，走到正在主席台中央面带微笑等待他的校长面前。校长身着红色教师礼服，双手捧着学生的毕业证书，满眼欣赏地注视着上台的每一个学生，好像每一个学生都是他的孩子。不少学生伸出双手和校长拥抱，接过校长亲自递过来的毕业证书，和校长合影。合影时，校长一定会让学生站在主要位置上。正规的相照完之后，很多学生还要搂着校长的脖子再来一张，像和一个多年不见的老朋友照相。然后，学生再和站在旁边的老师们一一拥抱，每个人都眼含泪花……”王海霞观察得很仔细。

“这样的仪式近四个小时才完成。当仪式结束，校长脱下礼服的时候，大家一看，校长里面的衣服都湿透了，但校长脸上泛着幸福的光芒。他说：‘对我来说，时间是长了点儿，但对学生来说，一生就这一次啊，我怎么敢懈怠！’”这个细节在王海霞的内心激起了波澜。

这样大费周章的活动，学生内心对它的感受如何呢？王海霞现场做了一个小调查，他们说：

穿着毕业礼服：不想脱，感到光荣、留恋、新鲜；穿着一样的款式，很有归属感……

走在长长的红地毯上：感动，自豪；情感交织，心情复杂；流泪了；站在台上向下看感觉好隆重、好神圣，这是一辈子都无法磨灭的记忆……

向国旗、校旗敬礼：我是十一学生，我长大了，要为你争光……

与校长合影：感觉校长很重视我，很认可我；我很自豪，我被当成大人一样看待；不管我们学习好赖，在校长眼里我们都是平等的……

与老师拥抱：这是深情、感激的拥抱，老师像第二个爸爸、妈妈，一切尽在不言中，有一天我一定会再回来……

听着这些滚烫的话语，王海霞被深深地感动着。这座校园里，处处散发着人的气息，让人感受到人的温度、人性的温度、人文的温度。

还有一个细节让王海霞备受感动。参加初中学生的毕业典礼时，她看到很多学生抢着跟校长合影，遇到个子矮一点儿的学生，李校长总是半蹲着跟学生合影。她当时的第一反应是："这不是自毁形象吗？"回家后，她在镜子前反复体会着站直了合影和半蹲着合影给学生的心理感受。"哎呀！不一样！与半蹲着的校长合影感觉太好了，他让人感到自己很重要。"王海霞忽然明白了李校长的用心。

"每个学生都很重要"，这几乎是每一位教育工作者常常挂在嘴边的话。这句话重要吗？不重要。重要的是，要让学生在每一件事中都能感受到"我很重要"。

下午5点半，是学生自己组织的毕业舞会。为了帮双胞胎女儿留下高中阶段最美好的回忆，王海霞在家中当起了服务员和参谋员。两个女儿向来是不讲究吃穿的，平时衣着非常朴素。为了让她们光鲜出场，她翻遍了自己的衣柜让她们挑选，同时自责没去给她们买件新的衣服。好不容易找到了两条裙子，勉强还能穿出去。两个女儿都是一身白色衬衣和她的百褶裙，脖子下系一条彩色丝带，一看就是两个清纯学生。顺便，她还帮女儿的一个好朋友也打扮了起来。就这样，三个青春美少女出发了。出于好奇，她也紧跟着去一看究竟。

舞会在国际部六层活动室举行。刚上电梯，就听到了音乐声和学生的欢笑声，男生大都着正装，女生都化了妆并穿着漂亮的裙子甚至晚礼服。灯光是柔和的，曼妙的华尔兹飘荡在活动室的上空。男生学着绅士，女生学着淑女，每个人都操着生疏的舞步，一边笑，一边互相指挥，一边不时低头看着对方的脚，你踩我一下，我踩你一下，跌跌撞撞地踏着明显跟不上音乐的舞步快乐地舞蹈着。

高三毕业舞会。

曼妙的舞姿和着悠扬、欢快的曲子，把舞会一次又一次带入高潮。舞会在进行，乐曲在荡漾，青春在飞扬……就在这个属于青年人的青春世界里，作为家长，王海霞静静地坐在大厅的一角，感慨良多。苦心孤诣的校长和老师们精心设计这个环节，到底是为了什么呢？答案或许有很多，但至少有一点是肯定的，那就是：要教会这些孩子把对美好生活的追求作为自己人生的重要内容。

王海霞坐在墙角，看着女儿和一屋子迈着生疏舞步边学边跳的孩子们，忽然间，一阵感激涌上心头。作为母亲，她感谢学校给予孩子们的一切，让他们有机会去学习走向生活，有机会在与学友告别的时候和他们跳上一曲，尽情享受数年来同窗学习积淀下来的美好友谊。

这特别美的场景，一幕幕在王海霞的眼前流过，她的心情再也无法平静。

两天的活动，王海霞就这样跟着女儿一起走过来了。孩子们过得开心、愉快，她相信这会在她们的漫漫人生旅途中成为一个永久的记忆。

第二天下午，是全体高三师生的泼水节。那种一淋到底、互相祝福的狂欢让老师和学生在水中相见，形成如此温暖、如此美好的交集，让难忘的中学时代在大家制造的甘霖中定格。

世界名校的毕业典礼也不过如此吧！为什么一所中学要搞这么盛大而隆重的毕业典礼？

“这所学校为什么会让学生如此留恋？它留给学生的将会是什

么？当我们给每项活动都赋予教育意义，当我们把教育的视角延伸到社会、生活中时，活动的内容设计就一定会大不相同，一项平常的学校活动就会焕发出夺目的教育光辉。”

王海霞陷入了深深的思索，她开始反思以往的教育。学校年年都送毕业班，年年都发毕业证。然而，有多少学校，一旦学生考完试，就担心学生返回学校破坏公物，发泄不满，从而不敢让学生再进校门，甚至连填报志愿时都不敢让学生进教室，而是另找地方，甚至就让学生在校园里填报。毕业证更是等办完了，让班干部通知学生逐个到学校领走，或请同学捎走，哪里还敢组织学生回来？学校多年来对学生费尽心思地培养，怎么会以这样的方式收场呢？

“学生到底为什么不满？教育的终极目标究竟是什么？西方企业的价值取向是为了客户，我们的价值取向是为了学生全面而富有个性的成长，而不是为了办好学校。”王海霞的心灵再一次受到震撼。

这一晚，王海霞彻夜未眠。这是一所怎样的学校？这里真的很特别，这里有直指人心的温暖，在别人看来无关紧要的事，他们却不厌其烦地去做；他们做事的风格也很特别，好像有一种无声的命令，使他们的心特别齐；这里的文化也很特别，它有一种不可思议的力量。教育部要在这里开新闻发布会，他们那么淡定，只有几个人在准备，而学生的毕业典礼却要进行几个小时。

置身于十一校园，王海霞感受到身心充实的快乐，感受到温暖、包容，还有尊重、理解，以及唤醒、发现……

“在这浮华的世界里，他们心无旁骛，静静地守着一方天地，陪伴孩子们成长，好像有一种与生俱来的责任和担当，这是学校最大的财富。”王海霞深情地说道。

当拂晓的第一丝亮光出现时，王海霞睁开眼睛，看着窗外。白玉兰香气馥郁，弥漫在校园中，一只喜鹊从一棵树上扑棱着飞起来。王海霞心中满是兴奋，她穿过玉兰苑向通往博物馆的银杏大道走去。

在通往博物馆的路上，会路过一个小花园。小花园里有一架紫藤，紫藤小小的叶片呈椭圆形，羽毛般密密匝匝缠藤绕茎。阳光穿过紫藤架，筛下一地的斑斑点点。紫藤架下是一个回字形的石凳，我特别喜欢坐在那里，闻着淡淡的花香，看着来来往往的学生说说笑笑地走过。这一切是多么美好。

我与王海霞坐在石凳上聊天儿，她一遍遍地回味着参加女儿毕业典礼的每一个细节。“现在回想起来，我依然胸口发热。这一切，我可能会长久地记住。这个校园里生长着感动，有了这份感动，孩子们的青少年时光就会滋润和温暖。我们每个人在生活中都曾有过感动，那是美好的，可以净化灵魂。”

王海霞坐在长凳上，脸上带着微笑，她庆幸自己选择了令人向往的教育生活。她深情地说：“进入十一学校学习的人，以为都看全了，实际上，有一样最重要的东西他却可能没看见，那就是最核心、最隐秘、最起作用的东西，也就是在改革大潮中翻滚过的人的内心。”

王海霞的这番话，让我想起了《小王子》里的经典话语：“只有用心才能看见事物的本质，真正重要的东西用肉眼是无法看见的。”

十一学校是一座森林，仅仅看见是不够的，你必须有能力去倾听，并打开你身体的所有感官去感受，才有可能抵达这座森林的深处。

一天，王海霞拟写了一份关于分校筹建的申请报告，写好后请李希贵校长过目。其中有这样一段话：“十一学校是北京市综合改革实验学校，未来龙樾实验中学作为十一学校在海淀的分校，在课程改革等方面，将全面移植十一学校各方面的管理机制，构建新型的现代学校制度。”

李希贵校长看后做了一个标注，把“移植”改成了“嫁接”。在回去的路上，王海霞一直在想：为什么是嫁接？移植和嫁接有什么不同呢？

王海霞查阅资料发现，移植和嫁接确实不是一回事。

移植原义指把植物移到其他地点种植，后引申为将机体的一部分组织或器官补在同一机体或另一机体的缺陷部分上，比喻引进别人的经验、长处、做法等。嫁接则为植物的人工繁殖方法之一，即将一种植物的一部分固定到另外一种植物上，使其创面的形成层紧密结合，相互愈合为独立个体。被接的植物体称为砧木，接上去的枝或芽称为接穗。

嫁接既能保持接穗品种的优良性状，又能利用砧木的有利特性。

影响嫁接成活的主要因素是接穗和砧木的亲和力，其次是嫁接的技术和嫁接后的管理。所谓亲和力，是指接穗和砧木在内部组织结构、生理和遗传上相同或相近，从而能互相结合在一起的能力。亲和力越强，嫁接成活率越高；反之，则嫁接成活率越低。一般来说，植物亲缘关系越近，亲和力则越强。

王海霞明白了，任何经验和做法都有其实践的土壤，即使和接穗高度相似的分校也不能拿来就用，而是要充分发挥砧木蓬勃的生命力，让十一的智慧和实践与它紧密结合，生发出属于它自己的、更具特色的生命个体。

那么，改革的切入点是什么呢？十一的哪些东西可以嫁接呢？王海霞陷入深思。

出了北京地铁 8 号线西小口站，便是一片漂亮的住宅小区——世华龙樾小区。龙樾实验中学是该小区的配套工程。远远看去一个气派的建筑群格外抢眼，红窗棂，坡屋顶，红砖墙，黑色的铁栅栏围墙，显得庄严、大气。这些是十一学校的元素，他们对十一学校文化的每一点理解都体现在建筑设计上。

走进教学楼，我十分惊讶，无论是建筑还是室内装修都十分精致。楼道是开放的艺术区，到处陈列着学生的作品，学生在这里看到自己的作品挂在射灯下，自豪感便会油然而生。两侧一排排学生的储物柜更是特别，学校根据摩斯密码的节奏给它们刷上不同颜色，据说其中暗含着教师对学生的寄语，十分别致。

学校的每一个地方、每一个角落都为学生而设计，都有存在的意义，整个学校如同一本打开的教科书，蕴含着丰富的课程资源，学生在图书馆、食堂、教学楼都可以进入学习状态。

学校是学生的实验场，是他们进行研究性学习的工作坊，要让他们感觉到学校是他们自己的。电梯旁张贴着电梯的机械结构图，既是学校设施，也能满足学习需要，还特别好玩。总之，这里是特别适合花季孩子待的地方，是最懂这个年龄段孩子的学校。

张一名老师迎面走来，他是学摄影和平面视觉传达的，现在是这里的摄影课和平面设计课的教师。我问他："你为什么要到龙樾来？""在这里，教师有自己的工作室，可以实现自己的想法，太棒了。"他的脸上露出骄傲的神情。

他告诉我，他来到龙樾，正赶上学校装修，便一边上课，一边操心装修的事。"你看，六盏白色的松果灯很有创意吧！"我一看，松果灯的色彩和姿态都非常棒。学校每个角落里都是有创意的鲜活的东西。

"我这辈子都不会离开龙樾，因为倾注的心血太多了。"张一名老师说。

王海霞陪我来到地下一层，这里有机器人、服装设计、机械技术、影视传媒、录音棚、陶艺、合唱、舞蹈、戏剧等各类学科教室，还有篮球馆、游泳馆。地面上有黑黄两色跑道，既有警示作用，又让人感到兴奋。所有环境都是一位位无声的老师，处处体现着教育的元素。

“这是一所众筹的学校，从建设、设计到桌椅配备，都是由大家提供想法，老师们可以自豪地说：‘这里有我的创意。’在学校管理上我一定要向老师放权，我们是事业合伙人，共创、共担、共享是我们的文化。”王海霞边走边介绍着。

尽管王海霞有着丰富的管理经验，但她并没有照搬以往的经验，而是从研究的高度重新思考一所学校从无到有的过程。

她反复地想：一所学校在初期应该是怎样的？当它即将形成的时候，可不可以让进入其中的人方便地找到适合自己的位置，发挥自己的特长，有机会去干自己擅长的事？

△ 王海霞校长和参加机器人比赛获奖的学生在一起。

王海霞认为，筹备期的龙樾就像一个还没有成形的胎儿，每一个教师都是其身体的一部分，如何给大家一个尝试和选择的机会？她做了一个尝试，把学校方方面面的工作（从课程建设到行政工作），向大家和盘托出，让大家通过项目组的方式自由选择。

王海霞想，大家一定会循着自己的兴趣，找自己喜欢的事做。如果他们能如愿，那么，未来他们就是快乐、幸福的，也会发挥自己的特长。这样，他们就会发展得很快，同时，学校工作也会相当出色。

“在这种自组织状态下，随着工作的推进和大家的相互碰撞，会产生领导者、辅助者、追随者、质疑者，他们扬长避短，协同发展。而这就是一个组织从无形走向有形的自然生成过程。在这个过程中，没有绝对的权威，没有严格的等级，大家平等相处，相互借力。这样，一个智慧众筹的学校就诞生了。”

“如果我们能经常理性地审视这个过程，引导方向，形成文化，那么，我们就成了真正的助产士——学校架构的助产士。”

王海霞的办公室里，有整整一面墙的书柜，里面摆放着各类图书。办公桌是一个简单的工作台，没有抽屉，旁边有两把椅子，墙角有一盆绿色植物。整个办公室给人的印象就两个字：简单。

“再次走进学校，你感觉自己最大的变化是什么呢？”

“现在眼里有人了，一个一个的人，这是我最大的变化。管理的主体是人，服务的对象是人，离开了人谈管理，终将一事无成。人是最根本、最重要的，管理就是要尊重人的主体地位和存在意义。”

王海霞进一步谈道："过去的管理主要靠行政手段，那时带四五百人的团队，习惯开会，经常搞'大一统'的东西，做了很多落俗套的事，很惭愧。到了十一才知道，管理一定要对每一个人有帮助。每当我有困惑求教李希贵校长的时候，李校长就会掂着一本书来找我聊天儿。现在我们很少开会，基本上都是项目组活动，一个学科一个项目组，点对点，人对人，相互帮助成为常态。"

"刚一上任，是快速强势介入，树立起一把手的权威，还是用十一的风格？后者要付出若干倍努力，有时候，针对一位老师的问题就要说两三个小时。我反复掂量，选择了后者，也不再担心我的权威会失去了。可不在大会上说理念，别人会不会认为自己没有想法？然而，十一不提倡开会，许多问题都是一对一解决。那么，校长的定位是什么？校长的权威在哪里？靠什么凝聚大家？我经常思考这些问题。我想，凝聚大家一是靠人格魅力，二是靠学识。我决定不争荣誉，不争好处。"

"我接手龙樾实验中学快一年了，只开过一次全校教师会，和老师们一起分享工作体会，而各种研讨、研究、学术交流的小会一天就有好几场，一年下来数以千计。慢慢地，我赢得了团队成员的尊重和信任。"

"从人性的角度出发，工作的着力点就会转移；在'人'上做文章，工作的切入点就会变成需求。"龙樾实验中学的教师，很多是来自清华大学、北京大学、北京师范大学、中国科学院的硕士生、博士生，他们在十一学校工作、学习过，都怀有抱负，充满想法。如何领导这样一个教师群体，是非常考验人的。当考虑到他们的需求的时候，就抓到根本了。来到龙樾实验中学，我心里有一个冲动，就是想要成就一批人，带出一批人。这种感觉特别强烈。因此，学校提供平台，想方设法找资源，并把它送到教师身边，帮助教师成功，让教师有成就感。”

“那你过去当校长时这种感觉强烈吗？”

王海霞想了想说：“过去我更多的是成就事，现在则是成就人，我把许多精力放在这上面。”

“它们有区别吗？”我追问。

“当然有。过去我特别关注事情一定要做得漂亮，那是最重要的目标；现在我心里最重要的目标是培养人。”说完，她举了一个例子，“比如，一位老师做一件事，我明明知道还有别的办法可以一步到位，但我没有急于追求结果，而是耐心等待他自己慢慢体会。结果，经过几次反复，他就做得很好了，也成长了。”

“一个想法能够付诸实践，会让人感到特别兴奋。这种持续而有力的激发，对人的鼓励是很大的。老师们不断被激励、被点燃、被唤起，在这个过程中，我也一直在发现自己，感觉自己也一直在成长。想法不断被认可，对人是莫大的激励，使人兴奋，让人产生再去学习、发现、研究的欲望。老师们会重新发现自己，认识自己，看见自己的成长。”

来自山东的呼建勇老师最深的感受是学校对教师的尊重，学校给予教师充分的信任、足够的空间，以及各方面的支持，这使他的心态发生了变化，他动情地说：“现在和过去已经很不一样。来十一学校这三年，我从来没跟学生发过火。很奇怪，发不起来火，每天走进教室内心都是愉悦的，见到学生觉得他们都很可爱，有时见不到还会想他们。”

据教导处潘雅婧老师介绍，北京师范大学基础教育质量监测中心对龙樾实验中学进行教育教学的诊断，学生认为“老师很关心我”的高达 97%，这是所有监测项中得分最高的；认为“老师风趣幽默”的达到 96%；“这位老师是我这学期最喜爱的老师之一”“老师能够及时发现我的缺点并指出，能够发现我的优点并及时鼓励，增强我的自信心”“能帮助我树立目标，做好学习规划”等都得到了 90% 以上的认同。

如何让教师有成就感？张一名老师说：“过去想购买器材是非常困难的，需要层层申报、审核，一级一级批下来，手续十分繁琐。一想到这些，购买的欲望就没有了。现在每位教师手头都有预算，我想买什么，在平台上申报，很快就可以批下来。我添置了许多学科设备，有了这些设备，就能让学生立刻看到自己的作品，这让学生特别有学习动力。这就是机制的改变给我们的教学带来的变化。我是学平面设计的，毕业后有很多选择。在学校里有个属于自己的摄影棚是最大的梦想，可以随心所欲地去拍。真没想到这个梦想竟然能在一所中学里实现，我的专业也在不断地精进。这种工作环境大学里也不一定会有哇！对于事业的发展，我现在特别有感觉，特别在状态。设计不是可有可无的，设计也是竞争力，是可以传达理念的，是一种图腾文化。工业设计、摄影、平面设计……毕业后，我的专业一直在成长，我好幸运哪！”

王海霞说："学习十一学校，我觉得从哪里入手都行。我在传统学校待了 20 多年，在十一学校待了 5 年，我感觉各种类型的学校都能学到它需要的东西，都可以转型，都可以做得很好。我曾经帮助一所学校进行课程改革，在那里做的和在龙樾做的有很多不同，因为两所学校的环境不同。遵循规律、尊重人性，是教育者最可贵的品质之一，据此因地制宜就可以引导出一所更为人性化的学校。"

"我还发现，教师的个人魅力对构建新型师生关系是多么重要哇！首先，要让教师成为一个幸福的人，一个懂得欣赏的人，一个内心丰富的人，一个爱生活的人。这样，当一个鲜活的生命走到教师面前时，教师才会敏感。我们想了许多办法，让工会开展各种素养提升课程，有素描、陶艺、书法、油画，还有瑜伽、健美操等。还准备让所有老师都有机会接触戏剧，这会让他们变得生动起来，更有品位，更有情调，更有感染力。这样，他们才会被学生喜欢，才会感染学生、影响学生。还要让教师感到安全、幸福、身心放松，这样，他们才会有心情去欣赏孩子。"

"我也开始注意自己的外表与言行，我告诫自己：放下你的'一本正经'，不要所谓的师道尊严，而要做一个鲜活、欢乐、真实的人。你的形象、言行就是课程，你往那里一站，就在传达教育的感染力。"

"再次走进学校，我最大的变化是对教育有了敬畏。面对家长的嘱托、孩子的渴望，我该怎么办？教育于我而言，已经不再是一项工作，而是对生命成长的敬畏。我对教育的执着、对教育事业的爱始终没变，所以我从内心里认同十一学校的价值观。我触摸到了真正的教育，发现了真实的教师、真实的学生。"

“是十一雕琢了我；它把我点燃了，擦亮了。”说到这儿，王海霞随手拿起桌子上学生的报名材料，抱在胸前，“抱着这些东西，我就像是抱着自己的孩子。我感觉就像是用一颗柔软的心在走路，我在用心做这件事！我不需要做给谁看，做在孩子们身上起作用就行了。真的，我已经不太在意别人的评价，而特别在意的是学校的水温是不是正常、生态是不是高氧。我越来越淡定了，曾经的光荣已经过去，过往的荣誉不再看重，我希望从头开始。”

“我的内心深处藏着教育的梦想，对教育的爱出自天性。在十一浸泡了几年，这种爱升华了，对教育的理解更为深刻了，十一最让我感动的是‘真实’，它让我懂得了教育一定是一个真实的人去影响另一个真实的人。”

价值观、人生观变了，让人从里到外就像变了一个人似的。学

狂欢节上，王海霞校长被学生装扮成动漫英雄。

生说：“我们的校长很好玩、很逗，我很喜欢。”“真的，我也觉得自己变了，变得比原来可爱、有感染力了，心也年轻了。”说着，她随手从书架上拿出珍藏的学生做的作品手机链——一个闭着一只眼的小猫，可爱极了……此时，王海霞心里是满满的欢喜。

“相比之下，过去当校长离学生还是太远。”谈到过去，王海霞言语中满是惭愧。

在王海霞的办公室里，我翻看着她的日记，内心被一次次感动着。

一个组织的前身，就是一个无组织的自由状态。我多次经历进入一个组织的过程。面对一个多年构建起来的机体，每件事都有章可循，每个人都角色分明。我们进入其中，有一种明确的身份，担当着特定的责任。我们所能做的，就是适应这个组织，或者慢慢影响这个组织。

龙樾作为十一生长出来的一个新的机体，它有着十一的基因，秉承着十一的核心价值观，演绎着十一丰富的课程，实施着十一的管理机制。这是一群十一人，带着十一的文化，在继承中创新，在探索中前行。他们执着于创造适合每一位学生发展的教育，办一所没有围墙的学生的学校，一所教育学行动研究学院，一所学生喜爱的未来小镇。

…………

学校转型的路径究竟在哪里？在与王海霞深谈后，我更愿意相信，无论是抓治理结构、组织变革，还是抓课程改革、调动教师积极性，都离不开“基于学生发展需求，为学生成长服务”这一核心价值观的引领。一切方法、态度、观念、行为皆由价值观决定。可以说，价值观决定一切，它有着不可估量的张力。

任何教育变革都是从教育内部开始的，都有赖于教育者自身的改变。校长转型，学校才能转型。有什么样的教育者便会提供什么样的教育。教育者的内心世界、精神风貌、人文情怀决定了教育的色彩和温度，决定了教育的生态以及一代人的生存环境。它们关乎一个国家、一个民族未来的精神底色和软实力。中华民族优秀文化传统的传承，不能仅仅靠教科书，还需要与学生朝夕相处的教育者的言传身教。

寻变，道阻且长，脚下的一步至为重要。上路的人唯有内省、内察、内心改变，才能跨越万水千山。

崔京勇：

踏上另一趟旅程

崔京勇　北京十一实验中学执行校长

打开了一道道门，推倒了一面面墙，快速转变了校园的外貌和功用，打开了人与人之间的阻隔，拓宽了人的视线，让人获得了全新的感受。……理念打开，空间打开，课程打开，带来了学生生活的打开。

2010年春天，山东省首批齐鲁名校长100多人，在山东省教育厅副厅长张志勇的带领下，来到北京十一学校学习，考察学生的学习生活，其中有一个人显得特别激动："我觉得很震撼，十一啃的都是硬骨头。"他就是来自济南的崔京勇，这是他第一次走进十一学校。

他的目光自从落到十一学校，就再也没有办法离开，这里的一切都深深地吸引着他，这就是他朝思暮想的理想教育。他说："进入十一，立刻感觉到激荡的脉搏。这里有我应该走的路，我终于发现了。"

没过多久，崔京勇竟然有了一个可以到十一学校分校工作的机会。

"你看咱去不去？"他问妻子。

"全听你的。"妻子发现他激动得两眼放光，就知道他已经下定了决心，便毅然决然地支持了他的选择。

"听到这个消息，我什么也没想就来了，只要在学校，只要和学生在一起就满足了。"崔京勇为追寻教育理想做出了一项重大抉择——年近半百，举家进京。

“你去了什么待遇？”周围人问他。

“什么都没有，有工资就可以了，认准了就干。”崔京勇斩钉截铁。

一天，我来到崔京勇的办公室，他拿着一本书在看，桌子上也摆着书。我问他：“你经常看书吗？”他认真地回答：“经常看。”“在十一学校待久了，对它的感觉愈发深刻。刚到十一学校，我的感觉可以用‘震撼’两个字来形容，现实比想象的还要好。我忽然发现，从教 30 年来做的几乎全是小儿科，而且都是凭着自己的感觉去做的。十一学校就不是这样，它的理念非常超前。”此时，崔京勇突然有了与高手过招儿的感觉，特有成就感。

“十一学校遵循教育的本质，实现人的解放，关注人的发展，让学生发现自己、唤醒自己、成为自己。这是教育的根本目的，没有人会否认它。我们每一个从传统教育里走出来的人，心中都有这样美好的向往。是的，教育就应该是这样的。可是我们没有做到。”崔京勇感到很惭愧。

“在校园里的每一天，虽然与李希贵校长没有过多接触，但是处处都能感受到他的教育思想，我对自己的过去也有了更为深刻的思考。”崔京勇发现自己与李希贵校长相比差在境界上：“他站得高，看得远，他紧紧盯着未来。中国基础教育的未来是什么样子？十一学校是个范例，它为中国基础教育未来的样态做了示范。”

在十一学校一间不大的办公室里，我与崔京勇一次又一次地深入交谈。

“路为什么越走越窄？”崔京勇说，“我们思考最多的问题是‘教育向何处去’，现实中有太多问题，逼着你去思考、探索，我们的内心有太多的痛苦、困顿与迷茫。十一学校正是在这不寻常的岁月里，在我们教育工作者空前迷茫、饥渴时走进了我们的心里。”

“我们与十一的关系，绝不仅仅是走马观花地看看，而是两个思想探索者生命的热烈拥抱、撞击，是心灵的交流，就如同在无限时空中不断扩散的音波一样，总会遇到和自己频率相似的心灵，并引起强烈共鸣，激发出新的旋律。我们需要十一，是因为精神的需要、内心的需要。我们在什么地方撞墙，在什么地方迷途知返，又在哪个路口停下来，十一为我们画出了一个新的地图。”崔京勇十分动情地说。

“一系列让人震撼又心悦诚服的教育观点不断冲击我的大脑，我开始憧憬美好的教育未来。十一最令人佩服的是突破了诸多我们曾经认为不可逾越的东西，它本身就像一座火山，一旦爆发，岩浆将会喷发出来，流向四面八方。”崔京勇显得有些激动。

“这是一次很有价值的探索。为什么他们会存在？他们是怎么生存的？或者说，这种变化是怎么发生的？为什么在目前的教育环境下能够出现这样的老师、这样的学校？这样的追问可能会指向一个具有建设性的方向，让教育变得更好。”崔京勇肯定地说。

“十一学校特别伟大的一点是制定了《十一学校行动纲要》和《十一学校章程》，无论谁做校长，都不能违背它们，学校依然会是这样的，这是我的感觉。”崔京勇的语气十分肯定。

黄昏时分，夕阳的光辉笼罩着十一校园，在操场旁的林荫路上，崔京勇远远走来，我们不期而遇。他告诉我，济南的朋友来了，他发现，济南有五个区来十一学校学习，都是教育局局长带队来学习，市中区区长、发改委主任、财税局局长、人社局局长亲自到十一学校考察，市中区与十一学校签约，希望引进十一模式，联合办学。

在教育寻变的时代，十一学校创造了令人瞩目的“十一现象”，形成了一种强烈的溢出效应，一批批人来到十一，变革激起的波澜在这座校园里碰撞、激荡、升华，那种热情、那种对新事物的追求和希望、那种对理想的执着是很少见的。

谈话中，崔京勇向我谈起了他的过去，他是山东省首批齐鲁名校长，先后当了18年校长，将三所学校从低谷带出来，在学校管理方面体会深刻，尤其注重机制和文化建设等。

熟悉崔京勇的人都说，这是一位亲切、和蔼、值得信任的教育工作者。初次接触崔京勇，他给我的感觉是做事稳重，不慌不忙，有想法，整天乐呵呵的。他多次参加过全国基础教育改革动态研修班，曾赴上海市徐汇区向阳小学学习，一待就是半年。2009年他赴江苏省洋思中学学习，住在学生公寓，深入课堂与教师、学生交谈，听课、教研，洋思中学校长感慨：“没见过你这样学习的。”这些年他讲课的足迹北至漠河北极村，南至云南红河岸边，东至吉林、延边、珲春，西至西藏，探索的步伐从未停止。

“《学习的革命：通向21世纪的个人护照》里说过，学校如不飞速改变，就会全面崩溃。我常常用这句话提醒自己。”这是我们第一次见面时崔京勇对我说的话。

当年，崔京勇在济南市历城一中做团委书记，负责学校德育工作，这使他有很多机会接触学生，对组织学生活动产生兴趣，并开始实践研究。到了历城六中，他以活动为突破口带动学生工作，坚持每年组织春游、秋游、夏令营等大型活动，创造更多机会让学生走出去，胆子越来越大，路也越走越远。

“2008 年我带队到北京观看奥运会，我们一行人戴着小黄帽，打着小旗子，一路上特别显眼，引起许多人的关注。为了进一步打开学生的视野，我们对综合实践活动课、历史课、地理课进行综合设计安排，满足学生活动的需求，让学生在活动中经历、体验、学习，在活动中成长、成才、成人。”崔京勇对这段经历记忆犹新。

“到十一学校后，我发现这里将活动提升到课程层面，而且重视节奏，开学典礼、泼水节、狂欢节、红窗汇……调节学生的学习节律，弥补课堂学习的不足。相比之下，差异在于这里的每一项活动都目标明确，指向学业，指向学校的育人目标；而我们做得相对零散，只是单纯地想打开紧闭的校门，打开学生的视野，丰富学生的生活经验。”崔京勇认真地反思。

崔京勇接着说：“我 2014 年冬天来到十一学校，第一次参加的活动是狂欢节，站在主席台上往下看，感觉很壮观。所有的老师和学生都被拉到活动中，这让我感到十分惊奇，让我对什么是学生喜欢的活动有了具体感知。”

“你必点燃我的灯。”崔京勇的心里涌起一阵阵感动，“可以说，十一是我的导师。何谓导师？导师就是学业、人生、事业上的指导者。作家伊丽莎白·本尼迪克特说：‘导师是我们的典范，我们自己心底的名流，我们要努力赶上的人，会让我们爱上他们的人，有时候，还是我们悄悄追随的人。’”

他说这话时语气十分坚定，我感觉有一股力量在发挥作用。

“明天我们去接一所学校吧！”李希贵校长打来电话。

“好。”崔京勇爽快地答应着。

2016 年 7 月 12 日，北京市海淀区教委宣布北京十一学校托管北京太平路中学，将它更名为北京十一实验中学，崔京勇被聘为执行校长。

我觉得这可不是件简单的事，崔京勇会不会很纠结呢？过了一段时间，我到十一实验中学却惊讶地发现，学校的变化之大超出了所有人的预期。

“我上任后做的第一件事是改造食堂的门。”崔京勇与我边走边谈，他指着食堂西边的一个小门说。

“原来 800 多名学生只有这一个进出的门，现在四面八方都是门，空间打通了，学生出入方便了，饭菜又特别好吃，学生可高兴了。”崔京勇笑着说。

“为什么将空间打通？”我问。

崔京勇说：“为了方便学生。”

“你看，过去学生在一种封闭状态下，狭小的空间会让人感到压抑；现在学生行动自由了，心灵也自由了许多。不仅如此，我们还要打通课程，打通时间，打通理念……打通学习与生活的界限，将师生的学习、休闲、交往、游戏有机地结合起来，让学习成为一件既有趣又有意义的事。我们将设计一些宽敞、开放、通透的一体化空间，超越教室加走廊的局限，超越工业化整齐划一的格局，形成积极的教育关系。”崔京勇饶有兴致地介绍。

午饭时间到了，崔京勇带我进食堂用餐，学生三三两两、说说笑笑地从四面八方进来，有序地排队买饭，用餐，不仅秩序井然，而且脸上绽放着笑容。这让我十分感慨，打通的不仅是门，还有开放的心态、方便的服务、灵活的管理、自由的生活。

吃过饭，崔京勇带我来到教学楼。走到二楼东边的一间屋子门口，崔京勇说：“过去这个地方只是老师开会的地方，为什么学生不可以在这里看书？换一种摆法，它就是一个休闲的地方；隔开就是两个独立的空间；打开就是一个大会议室。”

“过去为什么没想到这一点？”我问。

“过去我们从管理的角度考虑问题，学校里处处是门，门门上锁，为了方便管理，还有许多规定，没有考虑到学生的需求。打通之后，走到哪里都感觉特别敞亮。过去我们守着固有的经验，死死地守着，把自己封闭起来，心是禁锢的。打通才有生命力，才有活力，才有希望。”崔京勇的语气在加重。

来到三楼，崔京勇指着一间稍大一点儿的房子告诉我：“我们在每层教学楼增加了一个公共空间，这样学生就有了自己读书的地方，有的地方甚至连门也不要了，干脆大敞着。过去，是个地方就得安个门，是个门就得上锁，一道道锁锁住了我们教育多少想象啊！”

他接着说：“一天，一个学生在这里睡着了。刚好，我和一位老师从这里路过，老师刚要管，我摆摆手说：‘没事，学习累了，睡一会儿，再接着学！’”

门一扇一扇地打开，这是何等的魄力！一个上午的采访，“打开”这个词是我们用得最多的。在学校的所见所闻，让我切身体会到，他们不仅打开了物理空间，更是心灵的打开、交流的打开、关系的打开、思想的打开。

打开了一道道门，推倒了一面面墙，快速转变了校园的外貌和功用，打开了人与人之间的阻隔，拓宽了人的视线，让人获得了全新的感受。“它微妙地重新教育着我们，重塑着我们对自己的理解，并且调整着我们的行为方式；与此同时，一个新的习惯正在形成。”崔京勇说。

“环境与我们是互动的，有时候我们会影响环境，不要等环境改变了再行动，可以在行动中相互作用。你能营造这样的环境，就意味着你能做到那一步。行动是有力量的，你做了才会改变。生活的美妙之处在于，很多事情在我们没做到一定程度之前，是没法儿理解的。‘打通’的结果，是对人的改变。老师们受到新的理念的影响，心慢慢打开，惯常的思维被打破，固有的模式被改变，许多习惯的做法也在悄悄地改变，许多过去认为不可能的事变得可能，新的做法慢慢被接受。”我与崔京勇边走边聊。

我们来到高中教学楼，崔京勇指着楼道两侧的墙壁说："过去走廊只承担通行的任务，柜子只承担存储物品的功能；现在，这里成了学生交流、分享的空间。"崔京勇扶着柜子接着说："柜子的高度是1.2米，为什么呢？因为我发现学生课间经常靠在柜子上，胳膊肘支在柜子顶端，面对面聊天儿，或者在那里看书，我试了试，发现这个高度非常适合倚在那里短暂休息。好，那就在墙上做点儿文章，粘贴一些适合学生看的内容，让学生不经意间一抬头就看到。这就是教育。让学习随时随地发生，让教育随时随地发生。"

我们走进教室，发现文学名著被搬进了语文教室；元素周期表、离子反应、氧化还原反应等挂图在化学教室后面的墙上格外醒目，教室里还多了一个书柜，里面是学生喜欢的与化学相关的书，有科学前沿类、环境保护类等，就连常用的化学仪器、模型等也可以随时使用；地理教室里有地球仪、地图和图书等。这些变化，让学生感到特别高兴。中秋举办灯谜音乐会，400多个红灯笼牵着400多条谜语被挂在楼道里，那些日子里，每个人心里都感觉喜气洋洋。

学生吕楠说："我很喜欢背着书包跑上跑下去找自己的学科教室的感觉。午休时间学生可以去二楼图书馆，虽然规模不大，但像家一样温馨、舒适，有木椅，也有沙发。书的种类也不少，你可以挑本书靠在沙发上细细品读，也可以借走。我们可以在图书馆里看书，也可以在图书馆里休息。"

看到学校学十一学得有模有样的，我问崔京勇："一些人去十一参观后发出这样的感慨：真挺好，学不了。为什么他们会认为学不了？"

“因为他们只看到了一件事，其实是好几件事支撑着这件事，它是个系统工程，要做必须做全套，包括学校的办学理念、行动纲要、文化价值。十一的改革是一项系统工程，不是小打小闹，是彻底改革，只拿出一块儿来学，你根本玩不转。”崔京勇说，“这是我在十一学习时最深刻的体会。”

崔京勇发现自己过去办学校和现在最大的差别是没有价值观的认同，而十一学校有一群价值观相同的人在一起做事，价值观具有强大的力量。这对他的触动是很大的。“来到十一实验中学，我做的第一件事便是翻印《十一学校行动纲要》，人手一册。”

崔京勇特别强调：“要让国家课程方案在学校落地，学校需要做些什么呢？十一学校对此做出了回答。他们提出了‘顶天立地’的观点，‘顶天’指的是落实国家课程方案、学校育人目标，‘立地’指的是满足学生成长的不同需求。学校仅仅具备基础设施和获取资源的能力还远远不够，它还必须有操作层面的中观措施，也就是学校课程规划，包括有准备的教师、学科教室和资源、过程性评价及管理。”

课程是学校的重要产品，也是完成育人任务的重要载体，有什么样的课程就会培养出什么样的人。所以，课程的丰富性、多样性，关乎一所学校的品质、品位，课程改变，学校才会改变。崔京勇越来越感受到课程的重要性。

“不能简单地学习和模仿，如果只看到十一热热闹闹的狂欢节、泼水节、开学典礼，然后照猫画虎，是不行的。这只看到了表面，其实，看不见的才是最有价值的。十一学校所有活动都是指向学业的，这些活动都是以课程的形式出现的，是与学校的培养目标紧密挂钩的。十一学校的理念，给了我们深刻的启示。”崔京勇进一步强调。

一天天，学校在快速改变，许多过去大家认为不能做的事，今天看来，又有什么不可以呢？最让崔京勇兴奋的是教师被点燃了。2016 年 7 月 13 日，宣布学校被托管的第二天，有 30 位老师参加了十一学校暑期课程封闭研究。让崔京勇吃惊的是，原来只是想让老师们感受一下十一学校改革的氛围，没想到，他们内心求变的欲望特别强烈，高中老师也申请参加：“我们别光看着，我们也开始改吧。”第三天又去了 20 多位老师，很快，越来越多的老师加入进来。

参加封闭研究当天，就有老师问崔京勇：“我们可以构建我们学校的课程吗？”

崔京勇说：“当然可以！”

结果，老师们一发而不可收，用了十几天就拿出了课程框架。初一、高一实行选课走班，其他年级实行分层教学，建设学科教室，打通艺术、体育、技术课程。

再次走进学校，崔京勇发现自己变了，一种崭新的感觉出现了，眼睛里好像是另一个世界了，看待老师和学生的心态和从前也不一样了。

他毫不掩饰地对我说：“自己过去所关注的、在乎的、看重的，甚至视为治校法宝的东西，比如检查、惩罚、规章、制度，今天好像不大对劲了，也没有那么重要了，而许多过去看来不合适的做法如今看着却顺眼了，办法也多了起来。”

崔京勇告诉我，准备学校挂牌仪式时，看到老师们很忙，他便说：“有些事情为什么不让学生做呢？”过去是老师主持，领导讲话，校长讲话；现在改为学生主持，学生揭牌，学生讲话并放礼花。学生自由随意地站在学校门口，家长也赶来参与，整个过程 10 分钟，全部是学生在动。这让他们的自豪感油然而生。

新学校挂牌不设会场，没有主席台，更不请领导，就在学校牌子的下面搞了一个简短的仪式，学生与校友及家长一起揭牌，崔京勇站在人群中鼓掌。这是他学生观的又一次转变。

在准备学校宣传展板时，崔京勇与徐老师进行了沟通。

“咱们学校楼高吗？”

“不高。”

“特别吗？”

“不特别。”

“那我建议不要放我们的教学楼。”

“那放什么呢？”徐老师问道。

“放我们孩子们灿烂的笑脸。”崔京勇信心满满。

高一军训结束后评出 22 位优秀学员，崔京勇问：“为什么只有 22 位呢？为什么不能让每个学生都拿到奖状呢？”在崔京勇的建议下增加了许多奖项，比如规范奖、友爱奖、全勤奖、坚持奖、互助奖、自信奖、歌声嘹亮奖，等等。这样一来，所有学生都受到了表扬。一旦改变观念，就会有无穷的力量。而此时，崔京勇做得最多的是冲着学生伸大拇指。

校名变了，初一、高一新生穿上了新校服，初二、初三，高二、高三学生要不要统一换成新校服？崔京勇说："我们要尊重学生的选择，他们可以穿太平路中学的校服，也可以穿十一实验中学的校服，不搞统一。"结果，有穿新校服的，也有穿原来校服的，还有穿十一学校校服的。崔京勇笑呵呵地说："杂色，挺好。"自从踏入十一实验中学的那一天起，他时时提醒自己："一定要减少行政命令。尽量减少统一，统一不是十一的理念；尊重学生的个性、尊重学生的选择权，这才是十一的理念。"一定要体现对学生的尊重、对学生情感的理解，从一种模式向另一种模式转型，要给学生心理适应期。

减少控制，不搞统一，这一做法受到许多家长的称赞，他们说："这所学校的理念不一样。"

"家长信能不能用商量的口吻？"崔京勇对体育老师说。

"为什么？"体育老师问。

"看了这封信，我要是家长，我也会焦虑呀，而且一直要焦虑三年。"崔京勇建议，"咱们能不能像朋友聊天儿，给家长以专业帮助，让他们知道自己该做什么，又很放心？"

过去的开学典礼，有专门的老师检查学生的站姿，检查学生是否说笑打闹，一旦发现学生违规，会严厉批评。这次开学典礼，老

△ 崔京勇校长在学生的开学护照上签名。

师和学生在玩偶与学校吉祥物的带领下依次入场。学生主持升旗仪式，啦啦舞热场，助力开学典礼；优秀学生演讲，抽取幸运学生并发放开学礼物；年级主任敲响开学钟声，发放开学护照。欢乐气氛感染着学生，完全改变了以往学生讲话、教师讲话、领导讲话的刻板模式。

当崔京勇扮成龙娃出现在全体师生面前时，一名学生说："这个最小的瞬间，我可能会长久地记住它。"

崔京勇说："教育是服务，我理解我们有三个服务对象——学生、家长和社会。学生的需求就是我们的工作，家长的要求就是我们的任务，社会的需求就是我们的奋斗目标。校长的定位就是为学生服务，为教师服务，为家长服务。"

这一系列做法，体现了崔京勇在管理方式上对自己的重新定位，他在以一种全新的管理理念去打开教师的心灵，感染和影响教师的言行。一个个体，身处不同的地域或环境，在不同的组织结构中，经由不同的文化、管理以及群体价值观的潜移默化，竟然会变得如此不同。

2016 年 12 月 30 日下午 2 点，北京十一实验中学首届狂欢节在学生的一片欢腾中拉开帷幕，校园顿时变成了欢乐的海洋，800 多名学生一人拿着一张彩色的“首届狂欢节玩转攻略”尽情狂欢。

学校门口，巨大的嘉年华冲关气模吸引着学生，他们兴致勃勃地体验密室逃脱。体现十一文化的春华绿、银鹰灰、秋实黄、太空蓝、大地黑、国旗红条幅腾空飘扬，大气球下系着长长的飘带，上面写着“十一实验中学首届狂欢节”。16 顶白色帐篷矗立在操场两旁，每一顶帐篷里都有一个主题活动，如“动漫社团”“吃货大超市”“音乐社团”“机器人比赛”等，由全校六个年级承办。这些创意活动激发了学生的创造力，深深地吸引着学生，许多老师和学生在帐篷前合影留念。

耐人寻味的是此次狂欢节的名字——“主角来袭”，它意味着“这是属于我们的狂欢”。在这个节日里，每个人都在参与，每个人都是主角，每个人都在过节。它鲜明地表达着学校的办学理念：学校是学生的，学校的一切活动都是为了学生的成长。

为了吸引更多学生参加活动，学校特意准备了奖品、纪念章等，而且提前两周发布活动的消息。学生不仅参加活动，更以主人翁的身份参与到活动的组织中。他们了解狂欢节，参与狂欢节，享受狂欢节。

开幕式上，进行角色扮演大比拼，各年级扮演的人物一亮相，立刻就赢得了全场一片片掌声和欢呼声，尤其是当“齐天大圣孙悟空”从天而降时，全场发出尖叫声。当学生发现三位“美猴王”竟然是老师和校长扮演的，更是乐开了怀，他们与老师和校长的距离一下子拉近了。这个精彩的瞬间，学生可能会长久地记住。接下来，扮演成美猴王的崔京勇校长在学生的欢呼声中为获奖学生颁奖，一拨又一拨学生抢着同他照相。

学校的这一举动，深刻地诠释了十一学校的办学理念。“我们付出了很多，很辛苦，但是很值得，我们就是要让学生在活动中经历、体验、学习，在活动中成长、成才、成人。”

小剧场里坐满了学生，他们通过角色扮演构建梦幻空间，设计各种富有戏剧情节的游艺项目，活动整整持续了三个小时。

布艺小屋门口挂着学生自己做的小包包、手套，售卖自己制作的小手工作品让高二的歆雨同学很有成就感。爱心义卖活动为学生的创意提供了展示平台。同时，人头攒动的“大卖场”“模拟商业一条街”更让学生体验了一下真实的交易。

正当大家意犹未尽时，一辆四周披着彩带的小火车开过来了，学生们欢呼雀跃地跳上了车。小火车在校园里跑着，车上的学生不断地向窗外的同学招手，还频频拍照；一名男生抱着大红公鸡玩具，含着棒棒糖，美滋滋地望着窗外。

这样一场狂欢盛宴、这一别开生面的辞旧迎新方式受到学生的热烈追捧，高三学生文昭惊讶地说："活动好多呀！"初二学生博涛发现学校成为十一实验中学后，"活动变得很丰富"。琳琳则认为，与以前相比，最大的不同是"可以有更多方式表达自己"。刚刚入学不久的正航同学觉得"初中生活变得更加丰富"。

"通过这次活动，我与学生有了更多接触机会。"要辉老师的话代表了许多老师的看法。

这是一个普普通通的冬日，然而，这一天，对十一实验中学全体师生来说，却是一个不同寻常的岁末——在这一天，他们用自己的方式迎接新年的到来，迎接一种新的育人模式的到来。

"生活需要仪式感。我们就是要重新发现仪式，营造神圣空间。社会学将仪式定义为有规律的、不断重复的社会行为，其形式被赋予了象征含义。我们需要有意识、不间断地去做一些简单的事情——一些小小的仪式，可以为生活增添几分魔力，可以让人们的幸福感油然而生。"崔京勇说。

对此，我深有同感。仪式可以帮助我们处理生活中的窘境，唤醒我们心中的美好情感，它是心灵的港湾和力量的源泉。仪式可以增强人的自信，鼓励人直面充满压力的环境。心理学家认为，人们应在生活中重新引入仪式，让其成为一种有意识的习惯，因为它能赋予生活一套结构，缓解压力，改善人际关系，丰富生活，给予我们很多可以期待的快乐。

观念变了，行为就会改变。于是，一种崭新的感觉出现了。

原来操场上只有两张乒乓球台，现在学校将乒乓球台从仓库里全部搬出来，也将球拍和球拿了出来，老师在球网支架上安装了一个夹子放置球拍，在另一端安装了一个小桶放置乒乓球，学生可以随时取下来玩，用完放回原处便可。

对这一做法，有人不理解："为什么要这么做？"

崔京勇耐心解释："我们可以让学生自带球拍和球，但会给学生增加麻烦。我们也可以让学生下课去器械室拿，即便是领用，是不是也增加了签字、归还的环节呢？这样做的结果可能就是学生因为嫌麻烦而不玩了。我们的目的不是锁起来，看管好，而是让学生锻炼身体。所以，我们要尽量减少中间环节，方便学生。"

"有人扔了怎么办？"

"玩坏了怎么办？"

"再买。"崔京勇语气坚定。

"这是非常大的挑战，这是蜕变哪！"

羽毛球网也被从仓库里拿了出来，架在操场上，羽毛球和球拍就挂在支架上。一下课，白色的羽毛球就在操场上翻飞，学生快乐得笑声一片。初一男生林川双手握拍，满头是汗，打得非常痛快。

无论是足球、篮球还是羽毛球，一律放在操场上，学生随时可以拿着玩。老师心里不踏实，问崔京勇："到处是球，丢了怎么办？"崔京勇笑着说："不要紧，学生什么时候想拍就拍两下，看上去有点儿乱，但他们高兴啊！”

“也许就是因为下了课随时可以打乒乓球，学生就爱上了学校，也说不定呢。”我在想。

我和崔京勇在校园里边走边谈。此时是下午放学时间，操场上到处都是人，学生玩得可开心了：羽毛球在翻飞，乒乓球在跳跃，还有推铁环的、转呼啦圈的。一名女生坐在软垫子上，拿着一瓶水，在背书。学生三三两两，有的半躺着，有的坐着，很随意。这里是学生最喜欢待的地方之一。

我发现，一个仅有200米跑道的操场上，竟然有4个篮球场、6个羽毛球场、12张乒乓球台、3副单双杠、1个沙坑、1个自行车区、1个攀岩区。一群活泼鲜亮的身影、一张张美丽的笑脸，构成了校园里最美的景色。这就是教育，这就是为学生服务。学生观变了，一切都变了。崔京勇正以一种全新的管理理念去打开教师的心灵，影响教师的言行。

操场的西南角有个沙坑，以前大多数时间都用帆布盖着。

崔京勇对体育老师说：“掀掉帆布吧！”

“有土怎么办？”体育老师有点儿担心。

“关键是要让学生用！”崔京勇的口气很坚决，“学生的成长更重要。”听了崔京勇的一番话，体育老师掀去了盖在沙坑上的厚厚的木板和塑料布。从此，这里成了学生下课去得最多的地方之一。

我们转到了学校东南角，这里有一间200平方米的会议室。过去这儿是教工之家，是专门用来给教师开会的地方，平时基本上锁着，有专人管理。随着学校转型，这里的门被打开了，学生可以进入了。八张皮质的沙发椅被从主席台上请下来，成为学生观看比赛的座椅，主席台则变成了学生练习中国鼓的地方，改变了过去教师开会的单一用途。如今，这里是中国鼓社团练习的场地、羽毛球球馆、舞蹈房、纸飞机训练馆、射箭馆、乒乓球比赛馆、戏剧表演厅、艺术馆、电影院……利用率大大提高。

理念打开，空间打开，课程打开，带来了学生生活的打开。场地不在大小，器械不在多少，所有的设施、设备都被赋予了多种功能，最大限度地满足学生发展的需要。

这个学期，学校成立了中国鼓社团，购买了2面大鼓、8面中鼓、14面小鼓。鼓运回来那天，老师和学生都兴奋极了，大家兴高采烈地往屋里抬。崔京勇特意叮嘱负责老师："千万别锁起来。"

这句话让我的内心充满了感动，看得出来，崔京勇的思想观念在发生变化，为学生服务的理念已经植入其心田，并且体现在学校一件一件小事上。

一天中午，我在校园里遇到几名初中学生，便与他们聊了起来。

"上初中感觉怎么样？"我问。

"还不错，挺好。"梓华说。

"这里离家近，十几分钟就到了。"炫霈说。

“这里简直是天堂，好死了。”林川一脸的兴奋。

“究竟哪里好呢？”笔者追问。

“兴趣活动多。”“老师也好。”“午饭特别好吃。”“自习多。”几个男孩儿抢着说道。

只用了 100 天，学校就华丽转身。

十一实验中学发生突变，有人担心这是在做虚功。

“哎呀！学生等不了哇！世界是变化的，而且是以一种加速度在变化。只要认准的事，我们就毫不犹豫地干起来。我们绝不做虚功。十一学校变化不快吗？你每天和它在一起，却跟不上它的思维和脚步。”崔京勇说。

“这话我信。”我点点头。

“十一是实干派，这很重要，他们率先垂范，不仅说，而且真干。”对十一实验中学的变化，崔京勇有着清醒的认识，“不会像多米诺骨牌那样，推倒一张就会推倒所有的牌。十一学校的改革是顶层设计与摸着石头过河两者的统一。改革其实远比我们想象的要复杂。表面上看，是选课走班，是教学组织形式的变革，而实际上却是观念、体制、机制、文化等体系的变革。没有后者，前者就很难成功。他们变革的都是观念、体制、机制、文化层面的东西，都是教育发展过程中不可回避的深层问题。”

对此，我颇有同感。

“我们打算用三年的时间实现转型，第一个阶段的目标是初一、高一选课走班初步实现，这将是一个标志性成果。第二个阶段的目标是继续完善分层分类课程。第三个阶段的目标是实现组织变革，构建适应学生成长的组织架构，实行年级负责制、分布式领导。”崔京勇不紧不慢地说。

谈到学校未来的发展，崔京勇信心满满：“我们有自己的定位，我们不要成为复制品，我们始于十一，而不止于十一。”

十一学校的改革是成功的，它成功在哪儿？在于不把某一特定模式作为预定的目标。判断改革是否可行的标准就是是否为学生的发展服务。按照这个标准，改革可以有不同的推进方式。经验一旦被绝对化，就会变成僵死的模式，把人的思维活动束缚住。

李希贵校长曾经说过，办分校不是目标。为什么要办分校？通过办分校，扶持薄弱校，可以使其优化升级。通过课程输出，管理模式输出，让资源进入分校。几年之后，让它变成一所独立学校，然后交给社会。这样，这些学校既有发展的基础，又有独立成长的空间。通过这样一种方式实现学校个性化、多样化发展的目标，这也是实现教育公平的一种方式。

在十一学校浸泡久了，崔京勇有了另一番心境，他说：“我从十一学校实实在在的校园生活中，感悟出情怀在一位教育工作者心中的分量。”这样的分量让他提醒自己：“收敛起自己的小满足、小得意，扩展胸怀。”

采访即将结束，崔京勇深情地说：“我喜欢学校，在校园里可以天天享受孩子们灿烂的笑脸，生长的活力，生命的气息，成长的稚嫩、质朴、纯真，这种享受是从事其他职业所没有的。我热爱教育事业，将其作为一生的追求，因为它陪伴每个人成长，促进每个人发展，影响每个家庭，影响整个社会，有意思，有意义，能实现我的人生价值。我们的人生价值在学生的成长中体现，在教师的成功中体现，在学校的发展中体现。”

汪正贵：

零度起跑线

汪正贵　北京十一学校分校校长

教育是一个张力的存在——平等与效率、个性与统一、自由与自律、解放与约束、对话与独白、科学与人文、应然与实然、教育之道与教育之术等，这种张力构成教育的两歧性，蕴含着教育的生命力与创造力。

2016 年 4 月，春暖花开，草长莺飞，十一校园显得格外美丽，林荫路上一排排高大的银杏树枝繁叶茂，绛红色的教学楼在绿树掩映下显得庄严、气派。一天下午，我与汪正贵在学生食堂里临窗而坐，开始了一场心灵的对话。

“我加盟十一是缘于 2014 年 12 月与李希贵校长的一次谈话。我和李校长很早就相识，但那次谈话是第一次近距离和他接触，从此改变了我的人生轨迹。”汪正贵向我谈起那次与李校长谈话的情形。

“李校长对我说：‘你老待在一个地方，你的未来看得很清楚，而换个地方会有许多不确定性，可能会不一样啊！我们能在一起做点儿事，做点儿真教育，多有意思啊！你来了，也许好，也许不好，但终归有了不确定性。”

“他这几句话，一下子把我打动了。”汪正贵说道。

汪正贵来十一学校之前是安徽省马鞍山二中的校长。这是安徽省第一所示范性高中，是赫赫有名的“全国最具幸福感学校”，以骄人的办学成绩被誉为“江南城市教育一枝花”。汪正贵是全国知名校长、教育管理博士、教育部中小学校长国家级培训首批专家库成员。他 30 岁就做校长，先后担任过初中学校、高中学校校长，高等职业学院院长；从事过基础教育管理，也从事过高等教育管理；从事过普通教育管理，也从事过职业教育管理。人们对他的评价是为人谦和、大胆有为、有想法又有办法。

就是这样一位校长，在事业如日中天的时候，突然选择离皖赴京工作。这一选择，在亲朋好友中引起了轩然大波，他们几乎都在说："你折腾啥？"他们完全不理解他的选择：人脉丢了，资源丢了，舞台也丢了，一切都要重新开始。同事中有人感到遗憾，有人觉得惋惜。马鞍山市的领导也十分关心："你在马鞍山是不是不开心？"就连学生也不解，而且不舍，有学生给他写纸条："'小马'已经小到放不下校长的一张办公桌了吗？"

"其实都不是，就是李希贵校长的那几句话打动了我，为了他说的不确定性，为了他说的真教育，更为了能和李校长这样有情怀的人一起做教育，我都没有细想，就到北京来做'北漂'了。我将自己清零，真正从零开始。47岁之后重新过一种人生，从头开始，重活一回。"汪正贵语气坚定地说。

"也许远方是我的宿命。其实，此行既不是为了追逐名利，也不是为了逃避现实。现在想来，应该是潜藏于内心深处的漂泊的力量在驱使，我不想重复自己，不想过一眼就能看到头的余生，我内心尚有不甘，觉得远方还没有抵达。'男儿应是重危行，岂让儒冠误此生。'"汪正贵若有所思。

2015年11月，汪正贵一路北上。

这是出发，也是抵达；这是追寻，也是回归。

2015 年 11 月 16 日，汪正贵来到北京十一学校。他在日记里写道：

> 晚上 8 点多到学校公寓住下来，房间里有一张床、一张沙发、一张办公桌、一组书柜。第二天下午与李校长见面，谈到了三件事：一是各处看看，参加活动，听会；二是了解文件资料，熟悉十一运作模式；三是读书，李校长送给我 17 本书，他说："我们一起做点儿事，也许我们连教育的边儿还没有摸着。"

初到十一学校，汪正贵的主要任务是读书、学习，工作上、生活上来了个 180 度的大转弯，让他感觉特别不适应，甚至产生了身份认同的困惑和"忽忽如有所失"的惆怅。

"中年漂泊，实属不易。刚到京城，人地两疏，原来的生活与工作状态全然转换频道，突然没有了压力，却一下子失去了重心，似乎整日飘浮在空中。夜晚梦境还是江南，还在和原来的同事一起开会。真是'梦里不知身是客'，醒来不知身处何地，怅然良久。陆游有诗曰：'世味年来薄似纱，谁令骑马客京华。'这正是我当时心境的写照。"汪正贵道出了他初来北京时的内心感受。

这一年的冬天，北京的雪下得特别大，在南方生活惯了的汪正贵感到格外寒冷，他不太适应这里的气候，再加上当时孤身一人在外，又是头一次在外过元宵节，独自面对京城的万家灯火，他写道：

> 离开有许多不舍，27 年的感情不是一朝离别就能了结的。多年的情感难以割舍，所以一直没有和学校的师生告别，没有正式辞行，而是悄悄地离开。如落花辞树，无言相别。

其实，汪正贵的内心有很多对故土的眷恋，对原来工作的学校及其师生的牵挂。

“但是我深知，对学校这个生命体来说，每个人只能陪它走过短短的一程。永远不能夸大个人的力量，每个个体都是微不足道的。所以，离开学校时，我只带走了一些自己购买的喜欢的书。我喜欢泰戈尔的一句诗：‘天空没有翅膀的痕迹，而鸟儿已飞过。’”汪正贵的这番话，让我感慨良久。

也许，人生的蜕变需要的正是打破舒适区，恰似雄鹰重生、凤凰涅槃。一位同学曾送给汪正贵两句话相勉：“以虔诚之心，抵住世俗的喧嚣，传递求真向善的力量；以赤子之情，保持探索的姿态，追寻教育的人性温度。”他将这两句话当作前行的路标。

在十一的日子，让汪正贵有了别样的体会，他写下了十一感怀：

> 吃得很好，空气很糟。干燥。我梦江南好。常午夜梦回，不知身在何处。与十一神交已久，此次近距离相处，感触良多。教师敬业，学生自由，干部、职员勤勉。思想的力量，创新的意识，改革的魄力，实干的精神，实为开风气之先。

2016年暑假，汪正贵回到安徽。

有人问他：“你在十一学校干吗呢？”

“什么也没干，就是看书、学习。”

“不干事，你去干吗呢？”

“学习呀，十一的真经真的不是几天、几十天就能学到的。”

刚来十一时，李希贵校长对他说：“我们一起做点儿事，也许我们连教育的边儿还没有摸着。”这番话，让汪正贵感到吃惊：“这样一位教育名人，教育改革做得风生水起，在全国有着极大的影响力，竟是如此谦卑！”

“说真的，很少有人能读懂十一。这里是新的教育思想、理念的高密集区，它的养分，不是一天两天就能吸取完的。我在十一待了大半年，对十一的了解还是粗浅的。不能只是看看表面，表面呈现出的只是样态，背后一定有价值观、文化的支撑，还有操作层面的机制、方法、策略等，这些都值得琢磨。一般人学习十一，觉得就是学习课程分层分类、学生选课走班等。其实，可学的东西远远不止这些。这些只是显性的做法，更重要的是隐性的、看不见的东西，比如显性做法背后的价值观和方法论，以及它所蕴藏的教育意义与追求。看不见的往往比看得见的重要，为何要做往往比怎样做更重要。如果你只是学习一些显性的表面的做法，那么，你还没有学到真经。如果你这样去做，那么你再来十一时，就会发现它已经另寻他途了。所以，研究十一的改革经验，如果不深入研究背后深层次的东西，就很难真正读懂十一。”近距离接触十一，使汪正贵对十一的变革有了更深的了解。

“许多人为我感到可惜，而我却认为自己并没有失去什么，反而有一种重生的感觉。我为什么要来十一？一是为了寻求自我突破；二是因为受到李希贵校长的感召，他值得追随。”汪正贵对自己的选择越来越坚定。

“一个人到了一定的平台就很难突破，这是一次触碰天花板的跳跃。”

汪正贵又说：“我们要想获得重生，就要勇敢地告别过去，重新开始，重新生长。有时候我们必须做出困难的决定，开始自我更新的历程。我们必须把旧的思想、旧的习惯抛弃，才能获得再生。我们只要愿意改变旧的思维和习惯，学习新的技能，就能发挥潜能，创造崭新的未来。我们需要的是自我改变的勇气和再生的决心。改变是痛苦的，但改变又是必需的。当我们通过改变获得重生时，我们就能领略生命新的长度和高度。否定一个东西是容易的，而建设一个东西则很难。”

汪正贵的办公室在十一学校博物馆一层的西头。那是一栋 20 世纪 50 年代的苏式建筑，房间很大，也很高，木制的红窗棂很特别，发旧的木地板很有质感。窗外是一大片郁郁葱葱的松树。整个房间十分干净整洁，桌子上的书摆放得整整齐齐。多少次，我从那里走过，透过门上的小窗望去，总能看见汪正贵坐在桌前学习的身影。

有一天，我来到汪正贵的办公室。“感觉怎么样？”我问。

“什么都变了。”汪正贵回答。

“来十一已经一段时间了，奇怪的是，我什么事情都没做，可好多认识与观念都变了。”汪正贵由衷地感慨。

“对我来说，这十个月真的是一种重生。感谢时间的流变，让我有了反思的距离。我丝毫没有恐惧感，我愿意放下自己的身段，低些，再低些，甚至把自己放到 20 多岁刚入职时，一切都从头学起，这样才可以没有包袱，打开自己，接受挑战。我从十一学校学到了不少东西，有了许多新的领悟，这就是成长，这就是收获。不要说到北京来学习，即便去云南、贵州等边远地方办学也未尝不可，就是回到安徽也会与过去大不一样，因为我的思想、观念发生了很大变化。”听了汪正贵的话，我明白了，他并不是把自己的过去抹掉了，而是重新发现了它。

“只有恢复教育的尊严，教育才能重新赢得尊重；只有摆正价值取向，人的发展才能获得真正的突破。十一学校的办学理念深深地吸引了我，在我知天命之年，能与他们一起做教育，真的是一种幸运。”

“初来十一，让我特别感动的是教师的工作状态、敬业精神与合作分享的氛围。我来十一最先接触的是人力资源部的老师，他们帮

汪正贵在十一学校欢迎新教师活动中与接待的学生合影。

助我办理各种手续。你能从一件件小事中感受到他们对工作的热情、对学校的热爱。老师们想的与校长想的是一致的，这一点是非常难得的。我不相信这可以靠制度做到，制度不会让一个人由衷地微笑、充满激情地工作，制度只能规定一个人的底线，比如不做什么事。”这引起了汪正贵的深思。

“俗话说‘外行看热闹，内行看门道’。在学校管理的系统工程中，如何找到门道，看到关键呢？就十一学校来说，什么是关键呢？”

“我觉得可能是价值观和文化。”汪正贵说，“十一学校改革成功的奥秘之一，就是彻底坚持‘学生第一’的教育价值观。”

李希贵校长常说：“看一所学校，最重要的是看学生，看他们的精神状态，看他们的学习生活，看他们对学校的感受如何……”这句话真是点到了关键处。

“我在十一学校这段时间里，看到了真实的十一。”汪正贵十分感慨，“真实需要底气，他们愿意把真实的一面袒露给你，很了不起。从孩子们的精神状态可以看出他们的心灵是自由的，思想也是自由的。海报内容丰富，是孩子们不受压抑的自我表达，色彩、形式都体现着他们奔放的个性，让人强烈地感受到学校是他们的。”

“可以说，我在十一的每一天，都有内心的冲击。校园生活如此自主、自由、丰富、开放，说明这所学校真的是学生的学校。”

“2015 年 11 月 19 日，是我来十一的第四天。下午参加了学校国际部‘奥地利文化日’活动，活动自始至终都是由学生自己设计并主持，折射出他们自由的心灵、自主的能力与意识、自律的精神、自信的状态，让人真切地感受到学校是孩子们的学校。”

“周二那天，我参加‘名家大师进校园’活动，听了周国平先生的报告。学生非常自信地和周国平对话，他们说的都是内心的东西。他们在这座校园里生活了一年、两年、三年，内心里长出了好多新东西，这些东西不是封闭地塑造出来的，而是鲜活地生长出来的。教育即生长，这不正是教育的目的吗？！”

当晚，汪正贵在日记中写下内心的感慨。

> 教育的全部意义就是孩子们的成长。教师的价值是参与、见证、迷恋学生的成长，并在学生的成长中实现。

汪正贵言之凿凿地告诉我：“这所学校真的是为学生好，真的是以学生为本。我过去当校长时，还不能算是真正以学生为本，有时可能只是借学生的名义，有时只是说一说，遇到困难、冲突、矛盾时就退缩了。而十一学校始终如一的坚持让我觉得了不起。他们‘以学生为本，创造适合每一位学生发展的教育’价值观的彻底性，他们的坚忍不拔、坚持不懈，就是我们与他们的差距。”汪正贵发自内心的坦诚给我留下了极为深刻的印象。

他进一步分析：“表面上看我们是以学生为本，实际上有时可能是为了学校、为了面子，甚至是为了自己。很多真正为学生好的事想做而没做，或者做了但并不彻底。一旦遇到冲突，首先想的是社会怎么看、领导怎么看、同行怎么看，什么都考虑到了，就是没有考虑学生怎么看。也许我们过去做的并不完全是真正的教育，有些甚至是违背教育规律的。”

在一次“新学校”论坛上，汪正贵表达了自己的观点：“我们办学究竟是为了学校还是为了学生？我觉得这是个伪命题，似乎不需要选择，因为我们天天都说以学生为本，以学生的发展为本，很少有人说以学校为本，以学校的发展为本。其实不然，在学校管理实践中，我们发现，言行不一的事常有发生，我们说的和我们做的并不完全一样。”

应当说，汪正贵是一位有教育理想与情怀的校长，他在马鞍山二中提出了这样的教育观：“学校教育的唯一使命是培养人，使人成为人，涵养人格，启迪智慧。目标是培养身心健康、品行端正、学业优秀、兴趣广泛、特长明显的学生。”他在教育实践中尝试过许多以学生为本的教育改革，提出“教育是有温度的”。

汪正贵告诉了我几年前的一件事。

按照马鞍山二中惯例，2012 年元旦学校发布了“2011 年马鞍山二中十件大事”。

> 1. 荣获“全国文明单位”光荣称号；2. 荣获“全国消防安全教育示范学校”光荣称号；3. 荣获“全国中小学德育工作优秀案例单位”光荣称号；4. 办学质量继续提升，高考各项指标再创历史新高，学科竞赛成绩稳居全省第一，我校学子巫与天获得第 42 届国际物理奥林匹克竞赛银牌；5. 获得 2012 年北京大学“中学校长实名推荐制”推荐资质、2012 年清华大学“新百年领军计划”推荐资质、2012 年复旦大学“望道计划”推荐资质，获得第 21 届（2012 年）全国中学生生物学奥林匹克竞赛承办权；6. 成功举办全国“新学校”年会、安徽省“六校教

育研究会”年会、安徽省“中学语文教育教学管理论坛”等大型会议，广受好评；7. 成立学生事务中心，实现学生事务一站式办理服务；8. 竞选产生马鞍山二中首届学生校长助理两名，建成教师书屋；9. 成立教师奖励基金，启动“最受学生欢迎十大教师”评选活动；10. 汪正贵校长赴美参加第二轮中美人文交流高层磋商会。

不久，学校学生会在全校学生中评选“我心目中的2011年学校十件大事”，并公开发布。

1. 每周五成为“自由着装日”；2. 学校获得第21届（2012年）全国中学生生物学奥林匹克竞赛承办权；3. 学校获得2012年北京大学“中学校长实名推荐制”推荐资质、2012年清华大学“新百年领军计划”推荐资质、2012年复旦大学“望道计划”推荐资质；4. 在高一年级和高二年级推行无人监考；5. 课程调整，取消早读课，每节课调整为40分钟，每天9节课；6. 举办“暖冬映像”2012年元旦大型文艺汇演；7. 举办第四届“阳光心灵，和谐校园”校园心理剧创作、表演比赛；8. 举办首届学生校长助理竞选活动并产生两名学生校长助理；9. 学校开展“119”消防演习并荣获“全国消防安全教育示范学校”光荣称号；10. 举办2011年秋季运动会。

“对比之下，不难发现吻合度不高，只有30%基本吻合。很显然，学生关注的是和他们相关度大的事情，是给他们印象深刻的事情，学生眼中的大事我们也许觉得是小事，而我们特别在意的事他们却并不在意。”这件事对汪正贵的触动非常大。

“是什么使得我们与学生的视角差异如此之大？我认为是我们成人盲目地以自己的视角代替学生的视角。其实，学生才是校园生活的真正感受者，他们生活在其中，冷暖自知，他们的体验是真实的。管理者应该重视他们的体验，放下身段，借用他们的眼睛，通过他们的视角，重新打量我们的学校，改善我们的管理。”汪正贵进一步分析，“学生是学校的主体，是校园的主人。也许我们管理者将他们视为短暂的过客，并没有给予他们应有的主人地位。我们的教育也多是自上而下式的，缺乏学生的主体性参与。”

学校如何才能成为学生的学校？汪正贵深深地体会到，需要我们把学校交出来，交给学生。当他们成为学校的主人时，他们的状态就会发生变化，心灵就会舒展，各种关系也会发生变化，师生关系、生生关系、学生与学校的关系都会发生本质的变化。自主，从而负责；自由，从而真实。学生真实而快乐地生活在校园中，同时也在自由与快乐中生长、创造。幸福感、归属感、自豪感都会油然而生。有一天，他们离开了，还会牵挂，还会回来，于是学校成为母校。

如何让校园生活真实而快乐？可能只有自由与自主两条途径了。汪正贵想起李希贵校长说过：“我们必须创造一个充满自由的环境，并让学生在这个环境中学会使用自由。一个不会使用自由的人不会具有独立人格，也十分危险。控制学生很简单，然而，控制不是教育。”他随手翻开《十一学校行动纲要》，其中有这样一段话：

学生在你心目中的地位有多高，你在学校中的价值就有多大。任何一位老师都可以有自己的个性甚至缺憾，但都不可以轻慢学生、忽视教学；我们可以原谅许多东西，但永远不能原谅的是对学生和教学的轻慢态度。

“这些带着浓浓的教育情怀的语言，不是规定，也不是制度。在我看来，《十一学校行动纲要》是对‘学生第一’这个核心价值观的解析，这是学校管理的价值准则，是教师的行动哲学。”汪正贵对此十分认同。

他说：“十一变革成功最主要的原因是什么？有一条是肯定的，那就是始终站在学生的立场上，为学生的学习和成长处理方方面面的事情，而且是自觉的、一贯的、彻底的。这是‘道’，遇到问题时始终以此为指南，找到核心价值观，到哪里办学都是一样的，自然会生长出许多新的东西。如果是‘术’，它一般是封闭的，在新的环境下，一般不再生长，会死掉。”

汪正贵继续说道：“十一学校非常重视价值观的培育，其实就是重视学校文化建设。价值观是人们看待事物的基本态度和信念，对人的行为有定向和引领作用。十一学校对什么是最有意义的、什么是最有价值的、什么是最值得尊敬的，都有十分明确而积极的回应。《十一学校行动纲要》中116条价值准则像一面面无形的旗帜飘扬在校园里，引领师生走向未来。学校的价值观培育和文化建设是校长的重要工作，但特别不容易做。其实，一名校长的真正本领就表现为在文化建设上能否有所作为。”

“来到北京，近距离接触李希贵校长，我发现他信念坚定，而且始终坚持。他心中只有一把尺子，那就是为了学生的成长。他的一切做法都源于这样一个基本的价值观。”汪正贵认为自己和李校长的差距，是以学生为本的价值观没有李校长贯彻得彻底。

汪正贵向我讲了一件事："2009 年我到美国一所中学访问，回国前与那所中学的学生互动，一名学生问我：'校长，你回去后最想做的一件事是什么？'我回答他：'我最想做的一件事是让我的学生像你们一样健康、快乐地成长，充满青春活力。'可是，回到我们的校园，我做得很慢、很吃力，遇到阻力就退回去了。2008 年我提出一些课程改革的想法，给学生更多选择，以丰富的、可选择的课程来培养全面而有个性的学生。有人提醒我：'等升学率比较高的时候再改吧。'后来升学率上去了，又有人劝我：'现在这么好的办学质量，万一改掉下来怎么办？'2013 年我提出，文化课上午全部上完，下午上体育、艺术、技术等选修课和活动课，排出课表，准备做改革实验，有朋友半开玩笑地说：'噢！你儿子在学校读书的时候你不改，你儿子毕业了你拿别人家的孩子做实验哪！'这句话深深地刺痛了我。"

来十一学校不久，有一次汪正贵和李希贵校长聊起十一学校的转型，他问："十一学校的课程改革动作这么大，您是怎么说服家长的？难道您就不怕家长反对吗？""我为学生好，他们怎么会反对呢？"李校长回答。李校长的这句话让汪正贵感慨良多。

汪正贵说话时语气平和，语调沉稳；走路时总是低着头，步子不紧不慢，好像在想心事，透过镜片你能感受到他那深邃的目光。这是他留给我的深刻印象。

汪正贵平时话不多，可他的大脑却时时在思考，每当谈到他感兴趣的话题时，他便会滔滔不绝地亮出自己的观点。一次，我们谈到了十一学校的管理风格，汪正贵立刻起身，走到书桌前打开电脑，让我看他最近的思考。喃，整整五页，真是用心哪！

“管理是人与制度的对话，不同的制度体现不同的管理文化和价值取向。制度固然重要，然而，更高境界的管理是文化引领。三流管理靠权威，二流管理靠制度，一流管理靠文化。不过，学校的管理文化应该从根本上区别于行政文化、商业文化和企业文化，应该充满人性的温暖，充满爱与关怀，充满教育的力量。因为教育是人与人的对话、心与心的交流、用人格培育人格，所以学校管理必须从人的内心出发，走进师生的心灵。管理的最大奥秘就在于如何激发人内心深处的主动性、积极性和创造性。”

汪正贵在日记中写道：“学校管理既是一门科学，也是一门艺术，仅仅靠文化和价值观的力量是不够的，想法要变成办法，还需要好的机制，需要方法论层面的实践智慧。”

对汪正贵来说，在十一最有意义的一件事，莫过于每天下午四点十分后，活跃在各个教学楼里各种教育沙龙中。这些教育沙龙有些是学校组织的，更多的是教师一群一群聚在一起自发的交流合作。一次，他参加了史建筑老师的语文组活动，留下了深刻的印象。他想，是什么力量让老师们在一起真诚地交流、分享、合作？这背后一定隐藏着管理创新与教育智慧，隐藏着很多机制、工具和策略。

“我们当校长的往往都非常重视制度，而忽略机制。什么是机制？机制与制度之间是什么关系？比如，我们规定必须怎么样、不许怎么样，如必须穿校服、不许迟到等。这是制度。机制是一种制度设计，而且是系统的设计，解决的是深层次的问题，并不是简单地要求你去做什么，而是要撬动你内心的某个东西，让你愿意去做。机制不是外在的控制与约束，而是内在的激活与撬动。这是机制的灵魂。”

汪正贵对我讲了他出国考察的经历：“加拿大政府为了减轻城市交通压力，鼓励两人以上拼车出行，凡是载两人以上的车，过路费用较低，一个人开车上路费用则很高。这就是机制。美国则规定，载两个人以上的车可以走快车道，一个人开车则不可以。这就是机制。2006 年，我去加拿大学习公共管理，访问加拿大环保部门的时候，我问了一个中国式的问题：‘你们的企业有没有“偷排”行为？’对方回答：‘我们是通过制度设计来解决这个问题的，即规定所有城市的取水口都必须建立在城市排水口的下方。如果你排污，就会污染这个城市的取水口，人们自然不会答应。因此，不用政府检查和罚款，通过这样的机制就可以使企业自我约束，自觉按照环保要求行事。”

“制定制度很简单，但往往缺乏智慧。李希贵校长的成功之处在于他特别有实践智慧，将智慧体现在制度设计上，形成有效的机制，保障制度的实施。”汪正贵由衷地感佩。

又是一个阳光明媚的下午，我与汪正贵在食堂的一个角落里闲谈，他又一次向我谈起了对管理机制的体会与感受。

“我举一个例子，前段时间十一招聘老师，试讲需要学生来听课。按照传统做法，由团委书记安排，找部分学生来，是很容易的事。但星期天你凭什么要人家来呢？李希贵校长在会上说，我们不叫‘请学生来听课’，我们叫‘招聘学生主考官’，在全校招募，并且担任主考官有额外学分，让学生自愿来参加。这就是智慧。”汪正贵说。

“我们常常是有想法，没办法，缺乏策略和方法，缺少把理想变成现实的工具、策略和机制。这也是中国基础教育需要深刻反思的问题。仅有价值观是远远不够的，还要有大量的策略、工具、方法。这是极高明的实践智慧。”汪正贵接着说。

汪正贵发现十一学校有个安全隐患汇报机制。“谁发现了安全隐患，学校给予奖励。这看起来是件很小的事，但内含大智慧。这样一来，全校 4000 多人就都成了安全员，学校只花了很少的钱进行奖励，而安全隐患却能被及时发现。学校还奖励师生金点子。这就是众筹意识。4000 多个脑袋都在动，都在为学校发展动脑筋，这是怎样的力量！”

汪正贵直言不讳：“过去校园安全几乎是校长最关心的大事，可以说，没有一位校长不为校园安全揪心。我原来所在学校的门口是个十字路口，每天上学、放学有 3000 多名学生出入，那时候，我天天为学生过马路提心吊胆。为了保证学生安全，学校里有专门的安全员，还有交警协助，我们靠的是管理，是教育。我发现十一学校做得更好，他们把一个个复杂的问题用工具思维给解决了。这是他们的思维方式，我们要学习。”

“校服管理也是一件令人头痛的事。有一年，我去美国一所学校考察，发现孩子们没有穿校服，便问校长：‘学校不要求学生统一穿校服吗？’校长回答：‘着装也是孩子的权利，哪怕过分一点儿，并不代表什么，只是他们对美的认识。’回到学校后，我们做出了改变，将每周五定为自由着装日，学生可以选择自己喜欢的衣服穿。因为总有部分孩子不愿意穿校服。以前没有自由着装日，孩子们三年都没有机会在学校穿自己喜欢的衣服，等他们上了大学回学校看望老师时，我们才发现他们很有个性。统一是一种风景，丰富多彩也是一种风景。”

“没想到，十一学校的校服有几十种，由学生参与设计，厂家与学生校服中心对接，学生在学校看好样子，然后上厂家的网站自己购买，买什么、买多少都由学生自己决定。学校只是提供款式，搭建厂家与学生连接的平台与通道，尽可能满足学生和家长的不同需求，保障其自主、自愿的选择权利，也避免了学校这个中间环节可能会带来的问题。我们以前大包大揽，忙了半天，总有人不满意。他们比我想得更深。这就是智慧。”

“我过去做校长，有一件事很纠结。我知道很多教师都有自己的绝活，比如优秀教案、个人题库等，如何让他们主动拿出来与大家分享，总是没有很好的办法；如何将这些极具价值的成果保留下来给年轻人参考，总是缺乏有效的机制与办法。十一学校则采取了尊重和保护教师的知识产权的机制，比如购买教师的优秀课例，内部共享或结集出版；收购优秀教师的教案，放在校史博物馆；对教师的原创试题，学校采取奖励的方式保护；等等。通过这样的机制，保护了教师的知识产权，使其愿意将自己的知识成果拿出来与同伴分享，并在分享与交流中得到反馈和提升，让教师本人、同事、学校都有所得。这一做法的内在机制是承认、尊重和保护教师的知识产权，满足教师被尊重的内在需求。”

“是的，人性是机制建立的逻辑起点，好的管理机制顺应人性，从尊重人性出发，将人的行为导向正确的管理目标。英国哲学家休谟有一句名言：‘一切科学对于人性总是或多或少地有些联系，任何学科不论与人性离得多远，它们总是会通过这样或那样的途径回到人性。’学校管理是对人的管理，以人为对象的管理必须回到人性的起点。管理学者孔茨认为，一个管理者的人性观如何，将会影响他激励和领导的方法，一个人的管理观取决于他的人性观。”十一学校的做法，让汪正贵对此有了更深刻的认识。

教师管理是当今校长普遍关心的问题，也是来十一学校参观学习的校长都会问到的问题。汪正贵说：“我是通过一件一件的事，感受到老师是学校的第一资源，是学校发展的第一推动力的。无论在什么情况下，都应该善待老师。十一学校尽一切可能，给老师以课堂教学的自由与自主。这样，老师才会真实并有创造性，才会有责任心与成就感。他们还给老师调动与支配资源的权力，将资源放在离一线教师最近的地方，很好地运用了需求管理的机制。十一的这一理念，给了我深刻的启示。”

“需求管理不仅要发现和满足教师的现实需求，更重要的是要引导教师的未来需求，将教师的需求引领到更高层次，为教师搭建平台，推动教师的专业发展和个人价值的实现。很多中小学教师出现职业倦怠，其实那是需求感的丧失：缺乏需求，也缺乏被需求。管理者要适时创造需求，帮助教师重新发现其内心深处潜在的更高层次的需求，以激活其内在的动力。比如，十一学校在教师职称制度之外，设置校内教师职级制，分为教学和学术两个发展方向，共十个等级，为教师的专业成长提供更大的平台与期望，也提供更多的挑战与激励。学校还专门设置了教育家书院，为不同层次教师的专业成长提供不同的服务，培养课堂里的教育家。”汪正贵觉得，十一的这一做法值得借鉴。

他说：“需求是一把钥匙，就像汽车的打火钥匙一拧就可以发动汽车一样。管理者还要进一步将教师的个人需求与学校的组织目标结合起来，将教师的个人发展与学校的愿景、使命统一起来，发挥需求的内驱力，实现个人成长与组织发展的双重目标。正是需求的满足，释放了教师的潜能。”

汪正贵若有所思地走了几步，对我说：“当然，最重要的机制是学校治理结构。十一学校的治理结构发生了根本性变革，结构决定功能，以学生为中心的治理结构和组织结构，从根本上保障了以学生发展为本教育价值观的实现。从行政权力走向师生权利，这是学校治理结构的重要变革。”

汪正贵写下了他对教育的思考。

> 教育是一个张力的存在——平等与效率、个性与统一、自由与自律、解放与约束、对话与独白、科学与人文、应然与实然、教育之道与教育之术等，这种张力构成教育的两歧性，蕴含着教育的生命力与创造力。千百年来，无数教育先哲正是在教育张力的两端之间，寻找教育的支点，形成教育史上多样的教育思潮与教育实验。

“教育变革，学校转型，根本上需要一份使命感和担当，需要一种教育信念和情怀，也需要勇气。”在十一学校与李希贵校长有了近距离接触后，汪正贵对此有着很深的体会。

“我从他的身上不仅看到了信念、担当、魄力，还看到了勇气。他让我们看到，独立的人格与思想，对社会、民族的责任与担当是多么重要。”

“我们有时候缺乏勇气，总是担心失败了怎么办，很顾及自己的‘帽子’或面子，或者说不能坚定地相信自己做的就一定是对的。李校长启动改革的时候，也面临着很大的风险，若没有勇气，是做不了的。”

我们坐在那里沉默了，我能感受到汪正贵心中澎湃的激情，而我的内心也久久无法平静，回想起 2010 年 5 月我来到十一学校跟踪采访，李希贵校长和这里的师生带给了我太多太多的感动，那是我生命中永远不会忘怀的一段岁月。

2010 年学校大变革前，李校长对我说：“难度确实很大，挑战也很大，但我们必须这样做。现在，我们如同在深水里游泳，一不小心就会被淹没，我从来没有感觉到压力这么大过……但我们不做，谁来做？现在不做，何时做？难道 50 年后还这样吗？……我们这一代人总要做点儿什么吧，为了我们这个国家、这个民族。”李校长的语气十分低沉，却自有一种力量摄人心魄。

时间在一分一秒地过去，食堂里安静极了，我和汪正贵的内心却汹涌着波澜。

过了好几分钟，我们才平静下来。

“我觉得李校长真的值得研究，也应该有人去研究他和他的教育思想。我有一次提出这个想法，他却说，不要研究我，研究十一学校就好了。”汪正贵接着说：“我知道，这是李校长的个性，他一贯低调。”

自从来到十一学校后，汪正贵深度发现十一学校，也重新发现自己。他认为，这一年多来，他完成了最重要的一件事，那就是——自我重启。

采访结束时，汪正贵高兴地告诉我，他即将去一所新的学校赴任，将在那里开启一段全新的教育里程。望着眼前这位对教育理想矢志不移、孜孜以求的校长，我在心里默默地祝福他。

杨荣耀：
寻找自己的火焰

杨荣耀　山东省济南第十四中学校长

所谓教育，对我们来说，不仅是一份事业，更是一种责任和担当。聚一批有情怀的人，做一件有意义的事。让每个孩子都能在这样的教育中发现自己、唤醒自己、成为自己。

沿着济南市经十大道一直向东开，来到建设路口，远远望去，右前方一片绛红色坡屋顶的建筑群映入眼帘，典雅、庄严、气派——好熟悉的感觉。我知道，这是十一学校独有的校园建筑风格，它已经成为十一学校的象征。

进入济南第十四中学校园，我的眼前一亮。路两旁六棵巨大的塔松遮天蔽日，交汇成一条林荫大道通往教学楼；操场两旁大片精心栽培的绿色植物生机盎然；整洁的大厅、宽敞的楼道，从外观和视觉上给人一种阳光、向上的感觉，好像走进了十一学校。

杨荣耀校长站在教学楼门口等我，他个子高高的，典型的北方汉子。他不善言谈，说话声音很低，语速有点儿慢，看上去特别普通。然而，接触下来才发现，他的故事很多。

我们边走边谈，杨荣耀指着改建后的楼道说："你看，楼道打通了，教室加宽了，阳光进来了，师生的心扉也打开了，变得明亮了。这样的环境让师生交流多了，让他们的心灵舒展了、自由了。副校长董斌和总务主任陈登永为了学校改建，先后去十一学校学习、考察了六次。为了体现为学生的发展服务，满足课程改革的需求……他们反复修改方案，想方设法增加建筑面积一万平方米，建设了 85 个学科教室及地下活动室，拓宽了走廊，增加了 15 个公共空间……"

◪ 学科教室。

我们边走边看，大厅里有色彩鲜明供师生交流的休闲软椅，墙上贴着大幅海报以及学生的作品。这些构成了一种文化，传递着学校的教育价值观，彰显着学校鲜明的追求，颠覆了学校一成不变的刻板的样态。

随着采访的深入，我发现这不是简单的空间格局的改变，而是学生成长空间的改变。从某种意义上说，这影响甚至主导着教育空间、人文环境、人际环境的形成。为什么他们在很短的时间里做得这么好，学得这么有模有样？我怀着急切的心情想寻找答案。

十四中是济南市市中区的一所普通中学，2015 年 10 月在教育局的大力支持下，勇敢地走上了学校转型之路。市中区为什么会有如此大的决心做这件事？与刘绍辉局长和杨荣耀接触后，我找到了答案。

21 世纪初，而立之年的刘绍辉任市中区教育局副局长，第一次聆听了李希贵的报告后，被他的教育理念深深吸引，认为他领导的教育改革符合教育规律，逼近教育本质。2013 年春天，刘绍辉局长在国家教育行政学院学习期间考察了北京十一学校，一边看一边感慨："哎呀！这就是我们心中期盼已久的教育呀！它真的出现了，鲜活的现代教育气息扑面而来。"这一教育生态使他再也放不下。"这是一次彻底的教育改革，代表了未来教育改革的方向。"

这次考察让刘局长心里无比敞亮。他感到身上有了改变市中区教育的力量。

十一学校有一群具有世界眼光的教育理想主义者，他们既是理想主义者，又是行动派；既仰望星空，又脚踏实地。从某种意义上说，十一学校的教育改革具有方向性意义。

随后，刘绍辉局长向李希贵校长发出邀请，希望他能到济南市市中区去看看。2015 年 6 月初，李校长来到济南市市中区，刘局长喜出望外："说来就来了，真好！"李校长一连看了六所学校，他们边看边谈。刘局长下定决心："我们都要行动起来，这种改变要从一所学校做起。"

那几日，交谈中出现频率最高的词就是"改变"。2015 年 10 月 10 日，市中区区长王勤光和教育局局长刘绍辉率领一行人，到十一学校考察，大家很快达成共识。随后，区委、区政府召开会议，做出重大决定——"嫁接十一学校育人模式"。第二天，十四中第一批学员便进入十一学校开始了为期三周的浸入式学习。至今，十四中先后有近 30 批次 300 多人次去十一学校学习。

2015年6月9日，杨荣耀第一次见到李希贵校长。“那天，他在我们市中区接连看了六所学校，一路上我们边走边谈，我问李校长：‘实行小班化，教师的工作量加大，他们有顾虑，怎么办？’他说：‘教师的工作量不是按课时算，而是按学生人数算。’一句话，点醒了我，一下子把这个结给打开了。”杨荣耀向我谈起他第一次见李校长的情景。

“一路上，我不断地问问题，包括我的担心和犹豫。”杨荣耀接着说，“希贵校长鼓励我说，教育转型是一个链条，一环扣一环，只要下决心解决问题，从任何一个环节开始，认真做下去，做到底，都会牵动整个链条。当我们解决了一个又一个具体问题时，自然就会看到一个新的生态。一下子说出了我的心声，这更加坚定了我的决心。”杨荣耀很激动。

“教育不允许失败，但是我们不能用这句话来拒绝改革。教育也需要实验，我们不改革就已经失败了，越不改革越失败，必须把好的东西拿起来，这样才能保证不失败。关键在于动员、改造学校的管理层面，变革教育的领导力量。也就是说，需要完成大一统的行政管理向为学生发展服务的改进。学校所做的一切，是为了让学生发现自己、唤醒自己、成为自己。那么，靠什么实现变革？依靠全体教师。要动员一切力量，自下而上，解放人，唤醒人。”李希贵校长的这番话，说到了杨荣耀的心里。

“可以说，十一变革就像一个驱动程序，激活了我们每个人的内心，让我们突然发现了自己的潜能。”杨荣耀难掩激动。

“李校长走后，我的内心再也无法平静。”杨荣耀接着说，“6月

14 日，我们到北京参加‘新学校’选课走班制教学研修班，我带了四位老师一同前往。暑假我们又组织了 20 多位老师去北京学习，我们给活动起了一个好听的名字：走进十一学校——发现之旅。我们参观了北京亦庄实验小学、北京十一学校一分校，看到了孩子们自信的眼神、自由的心态，我由衷地感佩，这里的教育和我们的不一样。”

“2015 年 10 月我们又去十一学校开始了浸入式学习，先后聆听了李希贵校长的主旨报告，郭学军老师的‘十一学校课程体系的顶层设计’，张之俊老师的‘建立分权制衡的治理结构’，于振丽老师的‘后行政班时代育人模式的探索与实践’，田俊老师的‘十一学校核心机制与文化’，刘笑老师的‘从管理走向服务’，马玉琴老师的‘文化引领，建设家一样的学校’，周志英、邢凤玉老师的‘年级工作运行机制’。一场场报告在他们心里掀起了巨大波澜。2016 年 1 月，一个大雪纷飞的日子，十一学校副校长秦建云来到十四中，做了一场‘创造适合每位学生发展的教育’的报告，解答了老师们的很多困惑。”

“十一学校的改革是中国教育改革的风向标，他们真正做到了以学生为中心，营造了适合学生学习、成长的环境，回归了教育的本真、育人的本质。”杨荣耀和几位老师感慨。

“这是真教育，是真正为学生的教育，是真的为国家和民族的未来着想。一切为了学生，离开了这个就走不下去。大家都知道教育有问题，都想改变，却很茫然。这些年，我们一直在寻找改变的方式。”第一批去十一学校的学习者之一原美玲老师按捺不住内心的激动。

“现实的教育太功利，我们培养的只是努力考高分的学生，我们在一个怪圈里走不出来，内心是十分痛苦的。曾经我们靠精细化管理很有成效，可我的内心里总是不满意，因为它与我内心追求的教育相距甚远。从 2014 年开始，我到各地去考察、学习，眼界逐渐打开，可心里还是不满意，觉得这些离理想的教育总是差那么一点点。直到 2015 年遇到了李希贵校长——哗，豁然开朗，找到了，终于找到了，这所学校学生的状态让我心动。虽然和李校长只交流了半个小时，但可以说，这半个小时改变了我的教育轨迹。”杨荣耀的脸上露出了喜悦之情。

“十一学校的改革给我最深的感觉是科学、接地气，他们真的关注了人，关注了人的未来，并以此为出发点进行了全方位的改革。他们不露声色地蹚出了一条路，把固有的模式打破了，激活了整个教育界。李希贵校长在校长层面给大家带了个头，因为他是从基层来的，他懂得我们需要什么，确切地说，十一给了我们一种很强的方向感。”杨荣耀有了深深的危机感，“这把变革的火将来怎么烧，是当下每一位教育者都不得不考虑的问题。”

对这种教育，杨荣耀一直苦苦寻觅，一经接触，就被它强烈地吸引了。

杨荣耀与十一接触的时间很短，却成了它的铁杆粉丝，他说：“对这种改革，我发自内心地认同，可以说，十一学校为中国教育改革立下了大功劳。他们借鉴国外先进的教育理念与方法，结合中国教育的现实经验，形成了鲜活的、理想的教育。现在，一种全新的教育形态出现在十一校园里。我愿意跟随他们，义无反顾地走下去。”

“十一学校的探索，让我有了一种顿悟，好似一束亮光照亮了我的心田。先做起来，一件事一件事去做，一点儿一点儿去行动。不能左顾右盼，瞻前顾后，犹犹豫豫。”米强副校长有了重拾使命的感觉。

十一学校的理念给十四中带来的冲击是难以想象的，颠覆了他们以前对教育的许多理解与认知，“换个活法”成了他们的内心独白。

那么，从哪里做起呢？

虽然在十一学校待的时间不长，但十一学校的组织结构给杨荣耀留下了深刻的印象。李希贵校长说，调整组织结构最难，也最有效。做什么样的事情就需要什么样的组织结构。谁都不会否认要以学生为本、要以教学为中心，但真正做到这一点难乎其难。为什么？因为调整组织结构存在很大的障碍。在学校里，从年级到中层部门、副校长、校长，师生的需求往往要经过四到五个层级才能传达到最高层。这产生了许多繁文缛节。当学校提出“以学生为中心”“以学生为本”“一切为了学生的发展”时，传统意义上的组织结构就显得无能为力了，再造组织结构、改变治理体系就成为必然选择。为了使改革得以持续，必须在组织结构中植入新的基因，也要给工作流程和组织人员植入新的基因。

这场以选课走班为代表的教与学的变革，将会影响学校的每个机构，高度结构化的组织及管理模式将被打破，它需要重构。为了保证以学生为中心的落实，十一学校的组织架构、治理体系、管理模式都在进行根本性的转型，以大幅提高组织的效能、效率、适应性以及创新能力。通过变革组织目标、组织激励、责任机制、权力结构以及组织文化来完成转型，他们在寻求引起组织变革的基本杠杆。

十一学校实施扁平化管理，减少管理层级，年级集教育、教学、科研、管理于一身，过去的中层部门不再作为一个管理层级，也不再作为一个管理部门，而成为职能部门，他们按照学校工作的总体规划与年级合作、协商开展工作。这是一个切实可行而又十分超前的结构。

杨荣耀发现，这是一种自我更新的机制，这表明他们正经历着更为根本的变化。他们发现了事物应有状态与所处状态之间的差距，这能让组织向每一种意识到的可能发展。

杨荣耀还发现，这是一项可以引起组织或制度连锁反应的战略，即牵一发而动全身。它是一个紧密联系的整体，它是一个系统工程，包括自我诊断、满意度测评、绩效考核、双向聘任，等等。

“改革其实远比我们想象的要复杂。表面上看，不过是教学组织形式的变革，实际上却是观念、体制、机制、文化等整个体系的变革。没有后者，前者就很难真正成功。改革中的碰撞都是深层的观念、体制、机制、文化的碰撞，反映的都是发展过程中不可回避的深层问题。”杨荣耀对此感受颇深。

这次寻找，让杨荣耀走到了李希贵校长的身边，也让十四中这所普通中学加入新时期学校转型的探索中来。

“2015年年底，我们开始行动了。不过，我对改革能否成功有一点儿担心，又一想，失败了大不了不当校长了，仍去当数学教师去。可还是十分焦虑，一天深夜，我给好朋友崔京勇校长打电话，问他：‘你给我个准话，到底行不行？’‘绝对行！’崔京勇斩钉截铁地说。我心里踏实多了。”在杨荣耀的办公室里，他饶有兴致地谈起了学校的转型之路。

“于是，我们不再等待。如果我们选择等待，就只能使我们远离未来。风险无处不在，要对未知的风险进行预判，并不断探讨如何规避风险，这样才能确保改革之船稳步向前。”杨荣耀很清楚，“要想赢得改革，首先不要怕，而要用开放的心态、改革的办法解决问题，排查风险，周密安排，挺过去就是另一番天地。我的内心一点点被打开，我当时就像唐僧取经一样，心中只有一个念头——向西！向西！向西！”

团队的力量是强大的。推进改革需要团队成员同心同德，需要大家共担责任和风险。大方向已明确，行动的鼓声已响起，必须进一步坚定信心，凝聚共识。这不仅需要勇气，还需要智慧。

“真正意义上的领导者，不仅要描绘团队的共同愿景，还要为团队中每一位成员描绘其个人愿景。当团队成员的个人愿景与团队愿景彼此交织时，这个团队才会真正强大，才具有更大的凝聚力和爆发力。”这是十一学校给杨荣耀的深刻启示。

“我们为什么坚持全体干部参与学校发展战略的制定？愿景与人们内心最深切的需要有关，你很难动员人们到他们根本不想去的地方去，不管那个地方有多美妙。”

“从历史的经验来看，改革之前达成共识是最佳选择。任何一个组织都不应该忽视达成共识在减少改革阻力方面的巨大作用。因为十四中是每一个教职员工的，我们每一个人的命运都和这所学校的未来密切相关，所以，大家共同参与的这样一个过程，就是要把我们的命运和这样一所学校紧紧联系在一起。然而，仅有这样一个战略目标、仅有这样一个愿景是不够的。所以，我们必须反思、必须研究，怎样才可以使我们的每一项工作都支撑我们的战略目标。我们所做的每一件事都应该使我们朝着战略目标逼近。要让每一个人的任何一项工作都与学校的发展战略相关联。”杨荣耀经常对老师们说。

他在笔记本上写下了这样的话：“学校组织结构构建的原则：重心下移，面向一线，压缩层级，增强实效，权责相应，人尽其用。”

“我们将实施扁平化的多元治理结构，我们要尽可能做好风险排查，把风险降到最低。必须建立多元主体的治理结构，让每一个治理主体都有清晰的权力和责任，以唤醒和激发教师发展的潜力。理想的教育需要一个有情怀、有信念的团队来实现。我们有区政府和区教育局的支持，有北京十一学校和一分校这样的样本可以学习、借鉴，还有一支敢于挑战、敢于超越自己的团队。我们会坚定、稳步地向前迈进。”在全体教师会上，杨荣耀掷地有声地说。

接下来，学校扩大、改选了教代会，让老师真正成为学校的主人，学校的每一个重大事项决策时都会倾听老师的心声，以降低变革风险。学校成立了学术委员会，将行政权和学术权分离。还成立了五个项目组，负责起草学校组织结构方案、人事聘任与职级管理办法、岗位工资分配方案、绩效评价方案、学术积分办法，项目组成员主要由骨干教师组成，涉及各学科、各年龄段、各岗位共36人。

“组织结构变革、双向聘任、扁平化管理，是我感觉最困难的事。过去从来不需要操心这些，现在我们打破了许多条条框框，承受着从未有过的压力。这是成长中的痛苦与精彩，是必须经历的。我们正在经历一个非常时期。会议开得很谨慎，却很透彻。一个人发言，所有人都跟着思索：‘还有什么问题？’‘还有哪方面没有想到？’”杨荣耀的这番话，让我们看到了十四中的变革经历了怎样的过程。

“我们通过头脑风暴排查出可能存在的风险，然后逐条研讨。大家互相鼓励，踏上了组织形式的变革之路。随着一次次头脑风暴的展开，坚硬的成见和模式被一遍遍冲刷。教师的观念在变，这里成为思想活跃的场所，整个学校也面临着无限可能。”尽管压力很大，但杨荣耀内心是十分坚定的。

革命是群体的事业，然而，落到每个灵魂深处，却是个人的选择和担当。坦率地说，组织结构的变革可谓伤筋动骨，必须系统设计，分步实施，让它软着陆。有时候，团队领导需要的是发现需求和发现资源的能力，他要根据团队成员的不同需求去组织不同的资源。杨荣耀面临着严峻的挑战。

他失眠了，一连几天都睡不好觉，生怕哪个人在已经改变或正在改变的环境中因为一时想不通而做出过激的事。但他心里又特别清楚：“必须坚持，不能有半点儿犹豫，决不能退回去，决不能半途而废。他宁愿得罪人，也不愿回到从前。”其中有多少挣扎和切断退路的果断，只有他自己知道了。

杨荣耀明白，扁平化管理、双向聘任会触动人们最敏感的神经，因为一些人的个人利益会受到挑战。自改革开放以来，从政治、经济到文化、教育，中国的每一个领域、每一个行业都在经历一场迅速而重大的变革。每一个人都处于巨大而迅速的变化中，从生存方式到生活方式，从思考方式到行为方式，都在变化。快速更迭是当前中国社会的总体特征。在这样的大背景下，人在传统力量与新生力量之间挣扎成为必然。人，是很难走出自我的，更难的是改变人内心深处的观念与偏见。

杨荣耀的内心是忐忑的。“我知道开弓没有回头箭，天天盯着短信，生怕有人敲门，最焦虑的时候睡不着觉。组织变革刚一开始，就再也睡不好觉了，整夜整夜地失眠。十一学校的许多做法太挑战我的思维和教育理念了。”

现在，他们正在做 180 度急转弯。这样的急转弯，对驾驶者的考验是严峻的。但杨荣耀心里很清楚，只要不翻车，不论怎样磕磕碰碰都算成功。

在这场激烈的变革中，每个人都在进行灵魂的较量与挣扎。在这场较量中，每个人心中都在进行一场自我搏杀和斗争。每个人都要破除心障，才能重生。每一种决定命运的选择都是一种心灵的煎熬，最重要的是直面自己。

米强副校长多年来已经习惯于通过一套完备的行政体系，给主任、副主任安排工作，现在担任学部主任，走到了教育、教学最前沿，手下没有任何行政干部，直接面对老师和学生，这种角色的改变让他很不适应。用他的话说是，“是承受也是成长”。他认为这是一个机遇，可以实现自我价值，有收获感。这让他焕发出前所未有的积极性。他更加珍惜岗位，珍视工作。

原美玲老师一直是一个对教育充满理想的人。她负责课程研究院的工作，她坚定不移，坚持选课走班、不留死角的改革。“选课走班听起来无限美好，实施起来却步步艰难，遇到的阻力是很大的，只要我们稍微松动一下就会退回去。我不断地鼓励自己：‘我们在做正确的事情。’你得守住，你得知道你为什么能坚持。”每天，她都用这样的话鼓励自己坚持下去，决不退缩。

一年后，初三学部主任任真老师看到学生期末考试成绩的时候，眼泪止不住地流下来。过去她一直做年级主任，工作模式是听从领导安排，领导指到哪里她就打到哪里；自从担任学部主任后，教师聘任、课程实施、人事管理、薪酬计算等工作让她在相当长的时间里都很纠结。“风险排查时，我们准备了许多方案。组织结构变革从根本上使教师焕发出积极性。对学部中的每一件事，大家都在想办法。家长也在想办法，学生也在想办法。仅仅一年，学生成绩提高的幅度令人吃惊。这个机制太好了！”任真老师兴奋地说。

“我们的观念变了，从面向一个班变为面向个体，为每个人服务。每天午餐时我们都会聚在一起研究学生，一个一个地分析、研究。这一年，我们没有开过一次年级会议，我向杨校长学习，与老师们一个一个聊。”说起当时的情形，任真老师难掩心中的喜悦。

“我们的学生观变了，再也不会随意对待学生、敷衍学生。我们真的在了解学生想要什么、他们的需求是什么。我们真正尝到了尊重学生、善待学生的甜头。师生关系变了。我们给予学生足够的尊重、关心和服务。学生的表现太让人欣慰了。哎呀！好孩子都是‘敬’出来的。我们是最大的受益者。这一年不仅心情愉快，教学成绩也上去了。我们是越走越带劲，越走越坚定。”任真老师信心满满。

语文老师王寿鑫一个人教三个班，不但出色地完成了教学任务，学生还考出了理想的成绩。

地理老师石琳教了 32 年地理。学校转型后，她既做导师，又做教育顾问，同时担任必选科目地理Ⅰ的教学工作。无论哪个角色对她来说都是全新的，但她以开放、积极的心态面对变革中的自己。她十分感慨：“转型使我释放出内心深处潜藏已久的力量。”

数学老师李元春，刚开始担任导师很不适应，因为已习惯于管理、开会。不过，现在管得少了，学生反倒自觉了。她从学生的生命成长中感受到了教育工作的价值，为国育人的使命感悄然回归，工作有了意义，生活有了意义。

数学学科主任王秋灵负责数学课程研发，数学分三层，经过四次大的修改完成了课程框架。她的积极性被极大地调动起来。她教两个班数学Ⅰ、一个班数学Ⅲ，虽然工作量大了，但她心里很快乐。学生的进步对她是莫大的鼓舞，她真的找到感觉了，这样做教育让她很喜欢。

历史学科主任李海燕负责游学工作。这是一项全新的工作，也是一项全新的挑战。她专程赴北京十一学校学习。随后她负责安排线路、编制手册，2016 年暑假期间还顶着酷暑，在短短七天内完成了三条线路的考察。她没想到 50 岁之后干了一件这么有意义的事。孩子们游学回来时，家长们手捧鲜花在学校门口迎接。学生和家长的反馈让她看到了自己工作的价值。

英语学科主任姚瑶暑假里很忙，很充实。课程建设阶段，作为英语学科的第一负责人，她要校对十份课程资源，要带领大家建设学科教室，整个假期几乎没有休息。

“在远方的鼓声呼唤下，我踏上了漫长的旅途，裹起一件旧大衣，把一切留在身后。”读着这首土耳其民谣，美术老师鲍洪涛踏上了转型之路。她带领团队研发出了 22 门艺术类课程，图画、书法、动漫、服装设计等课程，特别受学生欢迎。她逼着自己学习、拓展专业。她深情地说：“以前在不断的画地为牢中，我们禁锢了自己的脚步，我们做着自己习惯却不喜欢的事情，过着已经习惯却没有激情的生活。现在，我们很快乐，看到了一个新的世界。”

教导主任付蕊负责学习中心、实验室、图书馆的工作，还负责教务、诊断评价、电教等工作，工作范围广，要打交道的人很多，工作量成倍增加，但她不断转变观念，增强服务意识，协调各方面的关系，尽力做好服务。

新初一学部主任金华的挑战也不小。如何建立导师组？如何进行选课指导？如何进行入境教育？如何做选课前的各种准备？……她不做则已，要做就做到最好。她的热忱和投入影响、带动着周围许多人。

“创造新经历，将人们置于新经历之中，这是变革组织文化最有力的方式之一。”学校里一项项的改革举措、一个个不同于以往的做法、一天天新的生活，重新开启了人们的思维和情感，改变了人们的行为。

对教育，每个人都在形成新的认知，至少比过去更好地了解教育、认识自我了。大家一路走来，所看到的是一个崭新的世界。

“十一学校最厉害的一点是解决了人的发动机问题，这是一个核心问题。进行组织变革，实行真正意义上的双向聘任，使人得到了最大限度的解放，使人迸发出了前所未有的积极性和创造性。教师找到了职业幸福感，实现自我价值的需求得到了满足，真正做到了人尽其才、物尽其用，真的很了不起。”十四中的改变，让刘绍辉局长更加深切地体会到十一教育理念的力量。

“十四中是先遣队、排头兵，是孵化器，我们对十四中充满期待，他们的经验将向全区辐射，带动更多学校加入转型的行列中。我们已经在路上，无论将来遇到什么困难，我们决不退回去，我们将坚定不移地走下去，为实现市中区绿色教育生态而努力奋斗。”刘局长对此信心满满。

“未来决定我们今天要走的道路，这是我们紧紧抓住不想放弃的东西。”此时，杨荣耀发现，这个团队有了毫不动摇献身教育事业的信念，“作为教育工作者，我们内心深处总有一些十分看重的东西。如果这些东西受到破坏，我们会感到悲哀和痛苦。”

我望着眼前这位勇敢的校长，内心充满了感动。“你的信仰就是你的力量，要利用这股力量去改变我们的生活、我们的教育。”杨荣耀选择了坚持，选择了忠于理想和良知，这样的选择把他与平庸区分开来。

谁是你真正的支持者？其实，困境中真正的支持者是我们自己。

“理念、思维的惯性，管理者思维的局限性，考试的束缚，等等，我们受制于这些东西，少了自己的思考。只有我们自己在思想、行动上改变了，教育才能真正改变。”

“相信自己，沉住气，有些事看起来很难，其实做起来并没有那么难，并没有想象的那么可怕。如果我没有遇见李希贵校长，没有遇见十一学校，那我们学校会是什么样子呢？因此，我是幸运的，十四中是幸运的。”杨荣耀说。

“这不是靠运气，而是靠你的信心和行动。”我说。

“哎呀！我平生竟然做了这么一件事！一辈子做教育，赶上了这场改革，做了一件把自己吓了一跳的事，这种幸福感是以前从未体验过的。”

“真没想到，老师们这么好呢！”杨荣耀仰头大笑，欣慰地大笑，“我十分感谢这个团队。”

他动情地说："还必须寻求支持，当地行政部门的支持非常重要。我们发现谁都支持我们，政府支持，教育行政部门支持，社会各界支持，家长更是支持，我们还怕什么呢？聚集起一批努力改变中国教育的有志之士，做一件有意义的事，我们不怕。"

采访即将结束，杨荣耀感慨良多。这些年，人们对改变教育似乎很悲观，许多人在抱怨。是谁造成了这样的局面？其实，所有人都有责任。

走出教学楼，天空湛蓝湛蓝的，杨荣耀深情地望着远方，说出了自己的一番感慨："今天，与其说我们在学习十一，不如说是在通过学习十一寻找自己，关键是，我们敢不敢像十一人那样活一回。"

杨荣耀校长在图书馆。

杨荣耀的一番话，让我想起了十一学校转型的艰难岁月，所有的成就都源于勇敢的开始。当变化突然发生时，人们首先想到的是逃避。当你面对未知的未来，而身边有各种各样的意见和声音的时候，你必须做出选择，这不仅需要智慧，更需要勇气。回顾十一学校那令人难以忘怀的1500天，我的内心充满了敬佩，在决策一件大事时必须能预见艰险，而在实施时却必须无视艰险。

高仁辉：

心中的伊甸园

高仁辉　四川省成都市泡桐树中学校长

我笃信生命可以自己长大，我相信教育就是要给孩子成长的土壤，给他们成长的自由，让他们自己长大。

泡桐树中学位于四川省成都市青羊区一条幽静的小路上。这是一所新学校，刚刚成立三年，但它以一种全新的教育生态吸引了人们的目光，甚至一些外省的同行也来这里参观学习。这究竟是一所怎样的学校？

深秋的一天，我来到泡桐树中学。崭新的教学楼散发着现代气息，宽阔的操场显得很气派，校园干净整洁，整个学校给人生机勃勃的感觉。我发现，这里的学生是自由的，他们行走在校园里很放松，脸上带着笑容，自主地做着自己喜欢的事情。看得出来，他们特别喜欢学校。

走进教学楼，我细细地观察，楼道两边的墙上挂满了学生的作品。这里的老师自豪地说："这是我们学校最拿得出手的东西。"于是，我驻足欣赏。

走进课堂，我感受到的是一种和谐的课堂生态，师生间的交流与分享，像清泉在原野上流淌，孩子们享受着幸福的成长时光。小智同学说："我在泡桐树中学体验了不同的学习方式，我十分喜爱这里。"

谈起选课走班，煜睿同学高兴地形容道："我们就像一只只蝴蝶，老师就像簇簇花丛，我们从一朵花上飞到另一朵花上。"

高仁辉校长发放开学护照。

思雨同学说："初中生活给我最深刻的印象是'忙碌'，快节奏的一天下来，尽管有些疲惫，我却感到无比充实，泡桐树中学的'忙碌'让我看见了自己的蜕变。"

昀彤同学万万没有想到他在初中还能继续学习动漫，他说："当我来到动漫教室，看到老师是那么专业时，我的眼睛都湿润了，我觉得自己特别幸福。"

陪同我采访的是王其明老师，他见到我第一句话便说："最美好的泡中生涯，从遇见十一开始。"

一路上，我们边走边聊，整整一天，他都在讲述他与十一学校的故事。

“2014 年年底，学校组织我们去参加‘中国新学校年度发现·走进十一学校’活动。这是我第一次去北京，也是我第一次去北京十一学校。出发前，我一夜未眠，翻阅着李希贵校长的《学生第一》，慢慢品读。或许是激动，或许是渴望，心中总有一个声音在不断提醒我，去北京十一学校能解开我的困惑。李希贵校长在《学生第一》中讲述的问题，也是目前我所面临的，他的每一个观点都能引发我深深的思考。”

“十一学校并不大，学校建筑以绛红色为主。但是这片校园，干净整齐，明亮的蓝天、明媚的阳光，让我之前的疲惫消失得无影无踪。”

“十一学校的博物馆，让我很是震撼，因为我们泡中没有这个‘玩意儿’。在去松林书苑的途中，我偶遇了两名初一学生，我们聊起了他们的学习、生活、课程等，要聊的实在太多了。他们很有礼貌，也愿意和我这个学习者分享自己的东西。上课铃响后，这两个小朋友选择继续与我聊天儿，满足我的渴望，为我答疑解惑。我是他们的客人，他们以主人的姿态用心解答着我的疑惑。对此我非常感激，也因为耽误他们上课而感到抱歉。”

“初中部教学楼，比我想象中的还要好，墙上到处贴着各种奖励。在这些孩子的世界观里，学习是他们自己的事情，教师与导师的职责在于引领。他们高兴地与我分享着他们的美丽、他们生活中的点滴，跟我聊选课，聊社团。在他们眼中，我看到了自由背后的信心，这种信心会奠基他们美好的未来。”

“北京的冬天挺冷，而且风大。我喜欢北京的冬天，因为在这样的季节里，我可以冷静地思考，思考自己的未来。”

“一天，我来到十一礼堂聆听李希贵校长的报告‘学校变革沉思录’。李希贵校长说，教育首先应该是人的教育。人不仅有需求，还有愿望。每一个个体的存在都有其必要性，无论其行为规范是否符合某些标准。”

“当时我就陷入了沉思：我们大多数人喜欢统一的步伐，喜欢齐读时的朗朗书声，喜欢学生的一言一行完全掌握在我们手中，力求塑造出我们心中的好学生。所以，我们选择统一的标准、统一的管理，制定各种各样的制度。”

“我想，管理不是我们想要的结果，我们应该以中国传统文化精髓，引领每一个学生成长，让他们成为校园的主人，以此来慢慢影响他们的未来。我想，我们要的教育就是这样的。”

“十一学校的办学思想坚实地落在我心中，带给我教育生涯中重大的变革。第一个变革，是午餐课后的短暂相遇。我的学科班中的孩子们，每次午餐课后，都会迫不及待地来到我的 416 教室，展示他们的成就。在我的学科班中，每个孩子都能找到属于自己的角色，各种各样的助理伴随在我左右。”

“第二个变革，是丰富教室的文化内涵。在十一学校的英语学科教室，我看到了英语老师的教育思想，看到了教室的文化内涵。因此，回到泡中，我开始尝试把我的学科班级的未来理想、学校的理念、英语学习的方法等，贴到教室四周的墙上。因此，我的 416 教室变成了一个有生命力的教室。学生会拿来自己的 CD，播放自己喜欢的音乐。他们不知道干吗的时候，翻一翻英文原著，也是蛮有趣的。

他们在这里，有选择，有个性。”

“第三个变革，是创造学生自主管理体系。这个改革的成功，离不开十一学校一位老师的帮助。她是李志超老师。认识她是我在十一学校收获的一个意外惊喜。李志超老师，年龄与我相仿，是我的老乡。当时，我想找有经验的老师请教学生自主管理学院的事情，正巧偶遇之前跟我们聊天儿的一名学生，他告诉我可以去找李志超老师，并把我们带到了李老师的办公室。她的办公室很简陋，在初中教学楼下面，当时是活动板房，被当成了他们的办公室。泡中创办第一年，我们借了附近一所小学的五楼，在那里整整度过了一年，那种心酸、辛苦无法用言语表达。我想，她也会有同样的感觉。我们一见面，才知道是同乡，这让我很是惊喜。她给我展示了一些材料，也教给了我一些技巧，我对学生自主管理学院的运营有了初步的概念。回到泡中，我接手进行了泡中劳动实践课程改革，学生的自主管理能力大大提高，我第一个被评为‘改革先锋’。运用之前学习的思想、方法，再结合自己的理解和实践，终于在三年后，我给泡中递交了一份我的研究成果《自主管理 2.0》。”

“随后，我进行了很多实践探索，如‘选课走班制下新学校英语课堂变革’‘走班制下学生自主管理模式’‘教学改革尝试启示录’‘未来学校项目组要走的路’等。我还为课程改革、课堂变革创立了微信公众号‘跟大明学英语’，参加 2017 年北京十一学校教育年会后，将之升级为‘布拉兔教育’。这一切，说实在的，与我自己的坚持和努力分不开，与和十一学校的相遇也分不开。”

“扎根在这里，追逐自己的理想，这是一件很幸福的事情。在这里，挑灯夜战，周末加班，是一种正常的工作模式，我义无反顾地激励着自己前行。”

“我在学校里身兼数职，如教育顾问、成长联合会成员、心理教师、英语教师、学生自主管理学院负责人、英语 Ipad 教学改革实验者、学生导师、职业生涯规划课程负责人、德育课题核心组成员、清华大学积极心理学实验项目负责人、家校联盟与家校共育联络人等，有时候分身乏术，但从未忘却自己扎根在此的初衷，那就是用生命和时间最大限度地诠释自己理解和向往的新学校。就这样，最美好的泡中生涯从遇见十一开始，也在继续。”交流了整整一天，王其明老师仍然意犹未尽。

第二天，高仁辉校长从外面开会回来，我们在会议室里临窗而坐，他向我慢慢讲述着他的教育经历。这是一位热衷于教育改革的校长，他 1990 年参加工作，教过小学、初中、职高，后来来到成都，先后在城乡结合部的学校和市中心最好的学校工作，无论在哪里任教，他都满怀一腔热情想做一点儿教育改革。2008 年，他在当地率先进行课堂教学改革，力争改变学习方式，助推先学后教，建立学生自治小组，做了两年，非常有成效，但是，仍然没有达到理想的状态。这是什么原因呢？高仁辉坦言：“多年来，我们想尽一切办法让学生在千军万马过独木桥的升学考试中胜出，可是，胜出的成功者毕竟是有限的，更多学生成了我们忽视的对象。2014 年美国‘国家年度教师’肖恩·麦库姆说：‘学生就像一棵树，成绩只是暴露在地表外的枝丫，思维模式才是深埋在地下的树之根本。’多年来，在我们评价学校的各种指标量表中，考试成绩毫无疑问地成为重心。这种现象持续的时间越久，我内心的疑问就越多，担忧就越深，它逼迫我思考。其实，追根溯源是课程问题，课表几十年不变，课程从名称到内容都没有变化，学生学一样的内容，做一样的题，而我们却要培养不一样的人，这能做到吗？这样的状况必须改变。那么，怎么改变？我一直渴望课程能有较大的突破，但是许久都找不到方向，心里非常苦闷。”

高仁辉接着说：“2013 年，我被青羊区教育局点将，抽调一部分人办一所新学校。面对一张张图纸，我陷入了沉思：到底要办一所什么样的学校？要走什么样的路径？要培养怎样的人？要架构怎样的课程体系？要如何管理？要如何评价？我一直没有想清楚，心里没底。于是，我们一行人去上海的学校参观学习，然后去北京参观北大附中、十一学校等。在十一学校，我向学生要了一张课程表，认真看了，很震撼，很兴奋。”

“在十一学校，我看到初、高中 4000 名学生每人一张‘私人定制’的课程表，全员选课走班，学校对国家课程与学校课程进行了统整，有 200 多门课程供学生选择。这里的教育理念、课程经验应该是中国基础教育未来的方向。”

“他们的做法让我十分惊讶，原来想都没敢想，可他们已经做到了。他们是教育理想主义者，更是行动派。这是百年来中国学校规模最大的一次革命，从选课走班，到制度的重建，到学校形态的改变，其变革尺度之大令人惊叹，应当称它为‘大转折’。1.0 版的学校形态，由于教育资源有限，我们实行成建制班级授课，统一教材，统一教学进度。而随着教育资源的丰富和学生发展需求的增长，学校形态必然走向 2.0 版，学生自主选课，形成新的教学班；有了自由度，可以选择适合自己的学习内容；课程由单一走向多元。急剧转型的学校如何组织起来？这是学校管理的变迁，这一组织结构、制度安排、治理方式是新的。这开启了中国教育发展的新阶段。”

“这一新的学校形态，既不同于西方学校，也不同于传统学校。它不是凭空出现的，它是五千年连绵不断的文明进步的结果，其变革的深度、广度和力度都是很大的。因为它深深植根于我们的传统文化中，其超强的基因和文化底蕴，使得它不会跟着别人亦步亦趋，不会削足适履，更不会屈从于别人的价值观，而是实事求是，取别人之长，走自己的路。所以它有能力吸收其他文化的长处，而不失去自我。”

“李希贵校长的学生观是对教育的正本清源。我们为什么要办教育？我们为什么要办学校？我们应当回到原点，回到我们出发的地方，审视一下我们的行为，以及我们是不是已经走得太远。在中小学校园里，我们常常可以看到这样的口号：“一切为了学生”“为了学生的一切”。可是，如果你深入他们的生活中，深入学校教育、教学活动中，便会发现，很多时候，我们严重忽视了学生的感受、学生的诉求、学生的基本需要。”

“出发是为了回归，那是经历了繁华、热闹之后的一种朴素的回归。我们这个时代缺失的其实是常识，我们对常识不尊重，忘却常识。人的本能往往是最基础的常识，通过人的本能去看学生、看教育，一切就会变得简单。”从这些话中可以看出，十一的理念给高仁辉带来的冲击是难以想象的，其深度和广度“颠覆了许多我以前对教育的理解与认知”。

在我看来，十一最重要的“不寻常”之处，是它从里到外改变了学生的模样。在这里，我们见到了不一样的校长、不一样的老师、不一样的课程、不一样的教室、不一样的活动、不一样的关系、不一样的秩序、不一样的习惯……而所有的“不一样”，最后都幻化成最美丽的校园表情——“不一样”的学生。那是一群活泼泼的、绽放着青春活力与个性光彩的了不起的孩子，他们在校园里热气腾腾地生活，蓬蓬勃勃地生长。

高仁辉被这里的教育生态深深感动了，他的教育激情被点燃了，他眼前的窗户一下子被打开了。他说：“学生的状态完全不一样，这才是生命的绽放、生命的活力，我看到学生去上课时脚步轻盈，神态放松，心情愉悦。哎呀！这样的教育把生命本来的活力给还原了，我一定要办这样的教育。有人说学不了。怎么学不了？我们不学他们的硬件，而学他们的理念、思路。虽然我们的条件不如十一，但我们起码能让学生快乐一点儿。”

这一探索对教育事业的发展将产生持久的影响。从更广阔的视角看，十一的最大贡献在于接通了基础教育既要升学率又要素质、既要分数又要快乐的曲折逻辑。无论多么曲折，他们都经历了，摸到了路。更为可贵的是，它不是散落在岸边的一片美景，而是一条完整的大河，使沿途所有的景观都可依它而定位。

十一的贡献还在于重新估定一切价值和他们对教育的理解、对育人规律的把握。他们用一种全新的、与时俱进的眼光，一种历史的、辩证的、发展的眼光，梳理教育改革的经验，回归教育的本质，辨析教育未来的走向。其目的是让学生发现自我、唤醒自我、成为自我。无论怎么做，也无论问题是大还是小，都要朝着这个目标走。只有这个目标可以统整一切，可以容纳一切努力，可以破除一切局限。

在我看来，十一更是一个参照系，有了十一这个参照系，我们起码知道该怎么做。中国式的、渐进的教育改革是成功的，它成功在哪儿？在于不把某一模式作为预先定好的目标。判断改革是否可行的标准是是否为学生的发展服务，按照这个标准，可以有不同的推进方式。

“我们终于想明白了，我们将进行一次大胆的创造，用我们的教育热情营造一片真正的教育乐土，这片土地上有丰富的课程满足学生的兴趣，这片土地上学生自由地在知识的蓝天翱翔，这片土地上每一个生命个体的创新精神都能够自由展现，这片土地上将矗立起新课程背景下真正的素质教育殿堂。”高仁辉说。

回到泡桐树中学，经过系统思考和评估，高仁辉和老师们确定了坚定不移走十一学校改革之路的目标，将十一学校的教育改革经验与成都基础教育实情相结合，稳步朝着基础教育未来的方向前行，全面规划泡桐树中学的发展路径，将基于学生的个别化教育与多元发展作为教育、教学的主轴，构建具有泡桐树中学教育特色的课程体系。

△ 泡桐树中学新教师培训。

高仁辉鼓励自己：“要做就做全套，学习十一模式，必须进行顶层设计，架构比较完备的课程体系。理论与实践之间存在巨大的鸿沟，需要大量、深入的科学研究和实践层面的制度、机制、文化重建，以及中观、微观层面的具体措施，才能到达彼岸。我们结合成都的实际情况，构建了学校课程体系，学校课程分为根基课程和成长课程，根基课程包括修身课程、笃志课程、健体课程，成长课程包括博识课程、力行课程、拓新课程。”

接下来，高仁辉详细介绍了学校的课程设置。他说，修身课程主要包括道德品质修养、传统文化修养、审美修养，主要通过新生入学行为规范教育、周一主题晨会、法制讲堂、礼仪课程、沟通与交流、心理健康工作坊、经典诵读与鉴赏、摄影、影视欣赏、艺术节等课程实施。笃志课程主要对学生进行理想信念教育，包括核心价值观引领，通过名家进校园、名师大讲堂、成功学子有约、职业考察课程、“模联”、国际交流活动等课程实施。健体课程主要造就学生健康的体魄、健康的心理，通过体育课程和相关活动实施。博识课程主要发展学生的智力、增长学生的知识，通过初中各学科课程（语文、数学、外语、物理、化学、政治、历史、地理、生物）、阅读课程、游学课程以及社团课程实施。力行课程主要发展学生的科技信息素养和实践操作能力，通过科学、艺术、综合实践（如厨艺、陶艺、劳技、手工剪纸、十字绣、编织、刺绣、插花……）等课程实施。拓新课程主要发展学生的创新思维，培养学生的创新意识与能力，通过科学（物理、化学）、微电影、电视作品、航模设计、动漫设计、研究性学习等课程实施。

“这样一来，我们把选择权还给学生，满足学生的需求。我们将十一学校的理念和做法与成都地区的情况结合起来制定了课程实施策略——选课走班、学分管理、小班学习。同时进行评价改革，实施过程性评价、诊断性评价等。为保障新课程的实施，学校还成立了课程中心、诊断中心、后勤保障中心、学校办公室、教师书院、成长联合会、独立生活管理中心等组织机构。”

现在，泡桐树中学每一个学生都有自己的课程表，每天都有学生喜欢的课程，他们带着期待来到学校，他们有很多不同的学习伙伴，他们对照学科细目表合理规划学习时间、发展自学能力、实施自主管理。

密密麻麻的课表上布满了阿拉伯数字、中文、英文、罗马符号，一般人看一眼很难看懂，老师特别担心学生找不到教室，结果，没有一个学生因为找不到教室而耽误上课。恰恰是老师们很长时间不适应，尤其是新到改革年级的老师。

刚开始实行选课走班时，教室的卫生成了问题。于是，他们开发了劳动实践课程，通过这一课程解决了这个问题。原来的班主任工作被分解到各个项目组，项目组的核心工作是教育。回顾三年来走过的路，高仁辉十分感慨："这段经历很重要、很关键，没有这段经历，就没有泡桐树中学的今天。"

"这样做教育，感觉完全不一样。我们探索的教育改革是一项极富挑战性的工作，走在这条路上非常不容易，我想以一首小诗，与所有行走在教育改革道路上的同路人共勉——'我不去想未来是平坦还是泥泞，只要热爱教育，一切，都在意料之中。我不去想身后会不会袭来寒风冷雨，既然目标是地平线，留给世界的只能是背影'。"

看得出来，高仁辉很激动。

在我与高仁辉交谈的时候，会议室门口已经有好几位老师在等候，他们是自发来到这里，想和我这个远道而来的朋友说说心里话的。

生物教师张帆，一进门便滔滔不绝地说起来："我第一次走进十一学校很激动。哎呀！这是个全新的东西，他们是怎么做到的？我特别想知道。一天，听完报告，我匆匆吃完午饭，怀着急切的心情跑到教学楼里，我想知道学生究竟是怎么学习的、老师究竟是怎么和学生沟通的。在初中楼里，我拉着一名学生问来问去，这名学生特别有礼貌，耐心地向我介绍学习情况。来到学校操场旁，我见到老师问，见到学生也问。晚上，我激动地写下了学习体会。”

张老师把她的学习体会递给我看，上面写道：

> 十一学校的做法给自己的教育理念带来很大挑战，对自己的冲击是前所未有的。我打心眼儿里认同十一学校的教育理念，他们把学生的未来发展放在心里，而我们只关注眼前。教育应该着眼于学生未来是否幸福、怎样实现人生的价值。这才是教育的根本目的，而不应该只是关注今天考了多少分数。

“回来后我与学科组老师以一种全新的课程观构建了生物课程。我们的眼睛不能只盯着分数，而应该把学习和个人发展联系起来。学科是一种非常好的育人土壤，可以在学科学习中发现问题，并进行疏导。比如，一名学生学习成绩不理想，是什么原因呢？与他沟通后，我发现他缺少方法，于是，在学习‘植物的概念’这一章时，我教给他方法，与他一起制订学习规划表，包括作业内容、所用时间记录、复习内容、预习，还有自评、家长评价、导师评价等。还告诉他可以从哪里入手，如何利用时间。后来，他在课堂上专注地听讲，充分利用课后零碎的时间，尝到了甜头，慢慢学会了规划自己的学习，合理分配时间，成绩越来越好。现在，虽然他的生物学习已经结束，但他还经常跑到我的教室和我聊天儿。”张帆老师十分感慨，“只要孩子愿意跟你聊，你就有机会教育他。”

为了探索一种新的教育模式，2014 年泡桐树中学一行 31 人怀揣着教育梦，到北京十一学校学习。谈起转型之路，每位老师都百感交集。

2014 年冬天，陈文静老师带着满腔的热情和疑惑，踏上了北京寻梦之旅，去十一学校寻求她心中的“走班之梦”。在十一学校，她看什么都觉得新奇，一个又一个新名词，如“选课走班”“导师制”“分层分类”“分布式领导”，不断涌入脑中。让她印象最深刻的就是“导师制”。十一学校对“导师”的解读是亦师亦友，是学生成长过程中的陪伴者，不管学生遇到什么问题，导师都会陪在他身边，为他排忧解难。

回到泡桐树中学，陈老师接手了导师的工作，她带的学生小 F 有些懒惰，畏难情绪比较严重，同学关系不够好，尤其是在走班模式下，无法与同学形成固定的友谊，逐渐沉迷于游戏。陈老师与每一位教他的老师联系，帮助他制订计划，每天记录他的学习情况并及时反馈。渐渐地，小 F 同学有了变化。在这一教育过程中，她更加坚信每个孩子都是独一无二的个体，只要给孩子机会，他就会慢慢成长。她逐渐理解了为什么教育是一种慢的艺术：慢，需要平和，教师要学会用平和的心态来对待学生的错误行为；慢，需要细致，教师要像对待荷叶上的露珠一样，小心翼翼地保护孩子的心灵；慢，需要耐性，学生会不断成长，教师要有静待花开的耐性。任何一个教育理想的实现，都需要执着的坚守和静静的等待。

陈老师说：“‘不是槌的打击，乃是水的载歌载舞，使鹅卵石臻于完美。’教育原本就是一种慢的艺术，需要有水滴石穿的耐性，需要留足等待的空间和时间，需要有舒缓的节奏，需要潜移默化的生命成长历程，需要有‘静悄悄的革命’。我们在平时的教育、教学中，要慢点儿，慢点儿，再慢点儿，耐心等待每一朵花绽放，静心聆听花开的声音。”

教师书院院长李鹏工作17年了，早就被评为中学高级教师，一路顺风顺水。他说：“之前的工作太轻松了，太没有挑战性了，从中我找不到新的兴奋点，事业发展遇到了瓶颈，我一心想改变，听说建新学校，我就毫不犹豫地来了，我对高校长的教育理想打心眼儿里认同。”

“走进十一学校，让我大开眼界，我才发现天地如此之大，自己原有的观念实在保守落后。目睹了十一学校师生的风采后，我深深感受到了自己的不足，又对新学校的未来充满了希望。”

“在十一学校的每一天我们都充满好奇，我们走进初中教学楼听不到什么声音，就想：‘今天是考试吗？’‘学生在复习吗？’另外，学生在校园里见到老师并不主动打招呼，可是，当我们向他们问路时，他们竟然那么热情，言谈举止也很谦虚，与我们交流时表现得十分自然，也很真诚。我们很好奇：‘这是一所什么样的学校哇？’”

“我们发现老师上课可以换一篇文章，甚至换一本书，他们手里有多个版本的教材，心被打开了，手脚终于放开了。我内心很激动，终于，我们可以重新建构我们的教材了。我们有基础语文、语言应用、记叙文写作、文言文阅读、演讲与口才、国学启蒙等。这对一线教师的挑战很大，工作量成倍增加。但是，当教材从印刷厂拉回来时，我们还是开心得不得了。我们将语文单元整合起来，搞了一个清晰的语文能力架构，有明确的训练点，有丰富的、贴近学生生活的阅读素材。做这件事的动力来自内心的需求，我们的心态越来越开放，我们愿意这样做。办学理念是沉睡在大家心中的一颗种子，遇到合适的条件萌发了。现在，看书多了，思考也多了，挺开心的。”李鹏老师的脸上露出满意的笑容。

负责德育工作的欧燕副校长告诉我，她走进十一学校那天，刚好是十一学校冬季马拉松赛。没有人组织，一大群学生围着体育老师，只听砰的一声响，学生就跑开了。他们挺开心，非常放松，可以看出他们很享受这个比赛，内心是愉悦的。没有什么规定，也没有什么限制，更没有什么强迫，老师很重视学生个体的存在。她在想，学校究竟需不需要那么多集体行为？

欧燕副校长对我说，让她体会最深的是，学校组织形式的变革使德育工作发生了天翻地覆的变化。“过去，只有班主任负责学生的德育；现在，人人都是德育工作者，育人的职责落到了每一个教师身上，真正实现了全员育人！导师工作我越干越带劲，它更加有针对性，让我很开心，没有倦怠感。小学科的教师走到了育人的前台，担任了许多工作，发挥了很大作用，再也没有了边缘感。”

“另一个变化是德育成为一门课程。德育课程有理想教育课程（进行笃志、生涯教育）、感恩类课程、修养课程、社会责任课程。”她说，“德育以往单纯靠班会活动等实施，现在则通过课程来实施。我们对传统的德育与教学进行了统整，设置了根基课程、成长课程、修身课程、笃志课程、健体课程，将学校零散的教育活动纳入课程中，建立起德育课程体系，将德育融入学生的学习生活中，与学生的学习密切相连，既追求整体德育效应，又能满足学生个体成长的需求。”

“这样一来，德育不是单纯靠说教，而是‘由科学而达至修养’。课程实施的路径很多，可以是活动，也可以是课堂教学。此前，我一直在思考德育的实效性问题，但苦于找不到办法，一直想改变，却没有机会，没有条件。我们强加给学生的太多了，而他们自主参与实践、体验的空间太小了。今天，当德育可以通过真实、鲜活、富有生命力的方式来做时，德育就有了效果。这就是‘润物细无声’的真实写照。”

中午在食堂用餐，坐在我对面的是语文老师朱洪斌。我请他谈谈到新学校工作的体会，他笑呵呵地说：“学生的自主学习能力大大提高，师生关系更融洽了，学生常常主动找老师沟通，每天都过得很愉快。”

中午休息后，我来到会议室，发现对面图书馆里坐着一位女老师，她看了我一眼，轻声问我：“您是李记者吗？”我点点头说：“是啊！”她赶忙走到我跟前，激动地说：“哎呀！我有话说。”这是詹李梅老师，陕西师范大学研究生毕业后便来到泡桐树中学。她说：“我感到自己成长得特别快，刚一进学校，就赶上了改革，参加地理教材的编写。我看了十一学校的教学细目，感觉十分亲切。我还承担了课程中心的工作，负责排课表，连续熬了好几个晚上。这所学校充满人文关怀，让人感到很温暖。我很享受与学生在一起的时光。导师工作让我与学生有了更多接触，学生自主学习，不能管控，而要引导。学生有更多选择，同时也就有更多责任。我庆幸自己一毕业就来到泡桐树中学，全新的教育工作深深地吸引了我，在完成一次次全新任务的同时，我成长得特别快。”

陈斌老师是四川泸州人，他是一位非常棒的英语教师，在当地发展得很好，积累了大量资源，但他却毅然决定离开。他说："这是我想要的学校，真的，为了它，我放弃了很多，与家人两地分居，工资待遇、人脉、评职称及未来的发展会不会受到影响，都不去想了。我感觉我这是二次创业，是我教育理想的一次飞跃。这个团队中都是志同道合的人，我们因为教育梦想走到了一起。"

"因为教育梦想我们走到了一起。""我们终于有了自己的天地。"一批青年教师因为各种原因调入泡桐树中学有困难，但为了追寻新学校的教育理念，他们毅然辞职来到这儿。还有一些民办学校优秀教师、骨干教师也纷纷加入新学校的行列。

王肖琼老师的家离泡桐树中学很远，她也来这儿了，她说："我对这种教育模式感兴趣，在这里有家一样的感觉，我很适应，很有归属感。我喜欢这样做教育，这是我心里一直追求的教育。"

杨超老师是一位数学特级教师，他说："我的教育理念有很大更新和改进。2013 年我到北京、上海学习，才真正理解了国家课程改革的核心理念，对我冲击最大的是课程改变了学校生态。从教几十年，回过头来看看走过的路，我们培养了一批批高分学生。然而，社会对人的综合素质要求越来越高，我们如何培养既有较高学业水平又具有综合素质的学生？这是摆在我们每一个教育工作者面前的难题。十一学校破解了这个难题，他们的探索非常有价值。我对未来的教育充满信心，我们能够走出来。也许我们会遇到很多困难，会感到理想的沉重，但只要我们坚持学习、实践、思考，就一定能够走到成功的彼岸。"

“学生是独特的，应该尊重学生的独特性和差异性，应该以学生的最近发展区为教学和管理的基础，让不同的人得到不同的发展。为了最大限度地满足学生的发展需要，我们开设分层分类课程，一共开设了140门课程。学生的变化激励着我们克服困难，坚持下去。这样培养出来的学生更能适应社会发展的需要。”

“这个模式改变了教师的定位，带来了师生关系的重新构建。这样一种空间，自然生成了我们期待的师生关系。学生在改变，老师也在改变。”这一点，杨超老师的体会尤为深刻。

体育老师容帅在十一学校听报告、参观学习，心得写了密密麻麻一大本。他说：“在十一学习的日子里，每天都能学到特别有价值的东西。那时的我是贪婪的，短短的交流时间是不够的，会后我们都会向十一的老师要材料，有的老师甚至用相机把向学生借的课本一页页拍下来。”

容帅老师还给我讲了一个细节：“一天，我看了一节滑旱冰课，发现一个学生竟然滑到小卖部买吃的去了，体育老师竟然没有批评他。我十分不解，问体育老师，没想到他的回答是：‘他能滑着去买吃的，说明他已经学会了滑旱冰。’哎哟！这是一所什么样的学校哇？’我问一名学生：‘你上的是什么课？’‘滑旱冰。’‘没有老师教吗？’‘噢，已经教过了，接下来是自己滑，会了到老师那里去测试。’‘这样啊！’真有趣呀！这是很大的改变！”这对容帅老师的冲击很大。

体育课程该如何设置，一直没有找到答案。容帅老师很着急，晚上就要离开北京了，他抓紧时间来到十一学校，找到体育组的迟海老师。迟海老师给他冲了一杯咖啡，让他感到很温暖。他问迟海老师：“你有没有关于课程的资料？”“我这儿有一本课程手册。”他一看，眼前一亮，赶忙抱在怀里，生怕迟海老师再要回去。行了，这下他们有方向了。

“我们知道怎么做了，我们把体育分成三个部分：基础体育，包括田径等；分类体育，包括篮球、排球、足球、游泳、形体等；特殊体育，主要针对有特殊需要的学生，帮助学生了解体育运动常识、奥运精神等。我们有了体育课程指南、体育技术系列指导丛书。”

容帅老师告诉我，这样做教育，有满满的幸福。学生毕业时他动情地说：“我舍不得你们。”师生都流泪了，这样的毕业告白以往是很少有的。

胡宇老师教英语已经 12 年了，2016 年他毅然辞职来到泡桐树中学。这是一位特别有教育情怀的老师，他说：“我喜欢走班模式，我看了李希贵校长的《学生第一》，下定决心过来。我一直想改变教育状况，以前做了很多努力，但改变得不够彻底。十一学校才真正改变了教育状况。”他说，他特别喜欢做导师的感觉，与学生平等交流，师生关系密切，能真正了解学生。

曹莉苑老师用“很高兴遇见你”来形容做导师的心情：“我们相遇在泡中，一起组成导师 14 班这个集体，是缘分，也是因为选择。”导师制受到家长的热烈欢迎，一位学生家长说：“我们的第一选择就是曹老师，能选到她真的太开心了。”学生说：“导师展示结束后，我就决定选曹老师。还好，我家网速快，抢到啦！”学生和家长的支持与信赖，让曹老师备受感动。她说：“这个集体因为孩子们而温暖，真的，很高兴遇见你。”

看得出来，老师们被全新的教育点燃了。

采访即将结束，离开泡桐树中学的头天晚上，在学校会议室里，我翻阅着校刊《桐年》，被孩子们深深感动着，他们用五彩的画笔描绘着“泡中印象”。

月爱同学说：“初中一年，收获是满满的。”辰芸同学感慨：“在最好的年华里，遇见了最好的你。”亦帆同学的体会是：“一个人生命的意义就在于选择，只有不断地为自己做选择，这个人才算活过。”临毕业时，悦依同学道出了对学校深深的不舍：“我不舍得老师，是你们给了我开心、快乐的初中生活和学习；我不舍得同学，是你们给了我课外的一切快乐；我不舍得泡中，是你给了我一个舒适的环境，让我积极向上地面对初中生活。无论将来我在什么地方，都会记得我的初中老师、同学，我的母校！”

谈起初中生活，思源同学说：“自己选择的课程、‘私人定制’的课表、老师自编的课本，都将我的兴趣吸引了过去。每天在不同风格的教室间穿梭，和不同的同学一起上课，在下午的社团活动中获得快乐……享受自主管理的时光、享受自主学习的快乐，这便是我最大的荣幸。”

榆鸿同学认为：“泡中的学习生活，是我永远无法忘怀的一段青少年时光。”

一位家长说：“很高兴也很幸运我们选择了泡桐树中学，这所全新的学校给了我们惊喜，也给了我们挑战。不仅是孩子，我们一家都在努力适应和调整。从最初的选课培训，到开学后的一系列活动与安排，我们都在学习。这样一个新事物的发展，需要我们对它有信心并积极配合。”

雨薇同学在日记的结尾深情地写道：“晚安，晚安，我亲爱的学校。”

学生的感受让我的内心充满了感动。这里发生的一切表明，人们期待已久的事情变成了现实，在中国教育界，“以人为本”“一切为了学生的发展”这个势头已经来临，这一令人无限期待的愿景正在以超过我们想象的速度来临。

已经很晚了，我关上会议室的灯，关上门，悄悄离开了泡桐树中学。走在大街上，路两旁棵棵泡桐树挺拔高大，茂密的树冠遮天蔽日，让人感受到它们磅礴的生命力。我忽然发现，这所学校以泡桐树命名，寓意真的很美。月光落到树的根部，那些紧紧抓住泥土的有力的根，隆出地面时，让我们看到了密集的关节，这些关节就是生存的力量，也是它们的生命力所在。

李长青：

生命的拐角处

李长青　新学校研究会常务理事

我们力图打破空间和系统的边界，让学生能够在一个融合的体系中发展，站在学校舞台的中央。

李长青怎么也没有想到，已经过了知天命之年，却在惯性向前的人生路上拐了个弯儿，而且这弯儿拐得有点儿大。在 38 年的教育生涯中，他干了 14 年校长，在原单位退下来了，本该安享晚年，可生性闲不住的他到北京十一学校学习来了。

在十一学校校园里有一个十分特殊的群体，他们既不是十一人，也不是一般意义上的来访者，他们可以进入任何一个年级的教室听课，也可以参加十一学校的各种会议。有人甚至把家都搬来了，吃在十一，住在十一，一待就是两三年。他们有很强的参与感，也有很强的获得感。他们是来自一些地方的著名校长，包括李长青。他们在这里进行浸泡式学习，确切地说，他们在这里待岗，十一学校准备办几所分校，他们是储备干部。也就是说，他们不只是学一学，看一看，还要真刀真枪地干一番，按照十一的理念办学。这既是机遇，也是压力。

我第一次见到李长青的时候，是在 2012 年冬天。那时，他刚来十一学校不久，一切都让他感觉很新鲜。“我的教育生涯将进入一个全新的轨道，”他发现，“这里是和其他任何学校都很不相同的地方。”

在山东临沂，李长青可是个名人。“这个人到哪所学校办学，哪所学校就会火起来。”这是当地老百姓对他的评价。

李长青在临沂九中工作了18年，其间从教师到教导主任，再到副校长，再到校长。这所学校在当地十分有名。后来，他到临沂四中做了10年校长，使学校的高考成绩从全市排名第22跃升到第4。无论在哪所学校，李长青都认准了一点——千方百计抓质量，“秘诀就是像农民耕种那样精耕细作”。

学生考试成绩上去了，可他的内心却不满足，他发现办学的路越走越窄，曾经几次下决心改革，可一直没有找到路径。

当校长十几年来，他秉持“一切为了学生的发展”的宗旨，恪守“任尔东西南北风，咬定质量不放松”的信念。“像关爱自己的孩子一样关爱学生，学生的需求就是我们努力的方向。那么，如何满足学生的需求呢？这个问题看似容易，其实非常难，路径究竟在哪里？”一路走来，李长青一直没有停止过探索。

也许是地缘的关系，也许是文化的因缘，李长青很早就追随李希贵校长。20世纪90年代，他带领教师到高密一中参观，一进校门，就看到“为四十岁做准备”的校训，很受震撼，同时心里暗暗高兴。“这是我们学习的目标。”后来发现李希贵校长搞的“语文实验室计划”很好，决定引进学习，在自己的学校里红红火火地搞起来。他由衷地感佩：“当时这位三十多岁的年轻人，已经开始寻求一条革新之路。当时素质教育兴起，课程改革新思潮强烈冲击，他极其敏锐地触摸到了时代的这一脉搏。”

“那些年追随李希贵校长的改革步伐，好像一步也没有落下过，有时甚至觉得与他做的也没多少差距，有点儿心满意足了。2007 年我参加新学校行动研究，发现自己与李校长的差距越来越大，有了很深的危机感。”李长青说。

在李长青的教育生涯中，除了抓教育、教学管理外，建学校一直是他绕不过去的一道难题。大半辈子做教育，李长青先后建了三所学校，一所比一所大，一所比一所难，真是费了不少功夫！

20 世纪 90 年代，为了改造破旧不堪的临沂九中，李长青自筹资金千万元，用了两年时间，使学校面貌焕然一新。硬件好了，老师们有了精气神，在大家的共同努力下，学校成为当地第一所省级素质教育示范校。

2003 年，李长青被调入临沂四中。这是一所“文革”后期建成的完全中学，在校学生 4000 余人，占地不足 50 亩，没有运动场地，校舍严重不足。2004 年，为了使学生有一个安静、舒适的教育环境，李长青又开始了艰难的建校历程，为了征地、立项、规划、开工，他跑遍了相关部门。为了考察设计院，他上午在同济大学，下午赶到浙江东华建筑设计院，晚饭后又赶到几百公里外的衢州。建校最怕的是资金不到位。李长青两手空空，真是上无片瓦，下无寸土，唯一的办法就是借。第一笔资金竟是从村里借的拆迁款，开工半年 2000 万元花完了，怎么办？他找到了上级领导，领导说：“再想办法借。”他只好又四处借钱，向当时的城北建设指挥部借了 2000 万元，又到河道改造办公室借了 1000 万元，临过年时，实在躲不过讨债的，又到一家食品厂借了500万元。后来，李长青想了个闯年关的办法，每逢寒假临近，他都躲在教室里，既听了课，又躲了讨债的。

李长青为了督促建设进度，经常早晨6点到工地巡查，7点赶回学校工作。历经三年的艰难筹建，一所占地287亩、建筑面积10万平方米、可容纳5000余名学生的新学校建成了。2007年9月1日，李长青看着全校师生喜气洋洋地搬入新校园，真是百感交集。

没想到，到北京后，李希贵校长将一副重担放在了他的肩膀上——建学校，建北京十一学校亦庄实验中学，而且是急就章。

这次建校规模之大、版本之新、要求之高都远远超出以往，许多东西连见都没见过，更是无从借鉴。

我早就听说新建的亦庄实验中学很大，而且是中国第一所3.0版的学校，它究竟是什么样子呢？怀着好奇心，我搭乘一位老师的车去看看。走进校园，宏阔的建筑群、绛红色的教学楼映入眼帘。它们展现出庄严、朴素的美感，给人以强烈的视觉冲击力。这是一所以全新育人模式为标准建设的现代化学校，在建筑设计和室内设计阶段，就明确了学科教室的功能要求。因此，北京亦庄实验中学可以称为“中国第一所3.0学校”。

《当代教育家》杂志2015年第5期上有一张十分醒目的照片，那是北京亦庄实验中学的效果图，下面的注释是这样的：“中国第一所3.0学校：北京亦庄实验中学。”文章很长，我认真地读着。这是一篇非常棒的文章，无论是文字还是插图，都清晰地表达了全新的学校建筑理念。

据设计师吴奋奋介绍："这所学校的设计非同一般，施工图纸用大纸板箱装，起码要装五六箱。与校长沟通超过 100 小时，光正式开会与座谈就不少于 30 次。"为什么要做这么多沟通？

吴奋奋说："我们不只是为学校设计几幢与众不同的漂亮建筑，同时也是传播一种现代的建筑理念和教育理念。好的学校应有好的建筑，建筑和师生、课程、课堂、资源、管理等一样，也是教育的要素。学校建筑之于学校，相当于战机之于空军，军舰之于海军。大国之间的教育竞争是教育要素的整体竞争，学校建筑是教育的重装备和轻装备平台。我们不应该总是用落后的教育装备和人家竞争。"

"我和我的团队正在尽力拉近中国和世界学校建筑高地在教育装备意义上的差距。"吴奋奋很自信地说。

对学校建筑的代际划分，吴奋奋有着自己的理解，他认为，"为黑板而建"的学校为第一代学校（1.0 学校），"为屏幕而建"的学校为第二代学校（2.0 学校），而拥有可以充分满足选课走班需要的全学科教室的学校，则为第三代学校（3.0 学校）。

吴奋奋进一步解释，1903 年至 1905 年，清朝决定"废科举、兴学堂"。当时新建的学校（时称"学堂"）建筑是与近代教育的三个技术特征相对应的：班级授课制（教室）、冷教具（黑板）、教师中心（讲台）。这些学校以普通教室为细胞，每间普通教室都有并且只有一块黑板，学生面朝讲台而坐。这种以冷教具为基本教育技术平台的学校建筑，称为“第一代学校建筑”。

自1903年以来的100多年里，历代教育行政管理部门都以上述特征来衡量和要求辖区内的学校建筑。因此，凡严格按标准和规范设计、建造的学校都是第一代学校建筑。

久而久之，人们普遍以为这样的教室是天经地义的。

20世纪90年代，以美国为代表的发达国家成功地将计算机技术（重点是多媒体技术）引入基础教育，加上美国有自杜威开始的对班级授课制和教师中心批评的环境，以计算机为代表的电子教具技术平台逐渐取代了以黑板为代表的冷教具技术平台。相应地，美国自20世纪90年代起，出现了新的学校建筑，这种基于以计算机为代表的电子教具技术的学校建筑称为“第二代学校建筑”。

第一代学校建筑是为黑板设计的，每间教室都要求有充足而均匀的采光，所以对窗地比有规范性要求。而第二代学校建筑则是为屏幕而建的，其标准教室的光环境是可以调节的，适合使用屏幕。在美国，很多教室压根儿没有窗户，白天上课也开着灯，就是这个原因。

学校转型及教育改革催生了第三代学校建筑，它呈现出三种方向。第一种是人工智能和网络空间方向。教室的墙是可以拆卸的，推动者希望推倒或重构学生之间、课程之间的墙。第二种是空间及技术集成方向。教室的空间特别大，在数百平方米的集成式教室里，师生总能找到合适的空间形式、教学工具和微环境。第三种是课程资源专业化和空间与装备专业化方向。在建筑设计和室内设计阶段，就明确教室的课程内容及对应的轻装备，再经过学科教师的精心布置，这些教室成为功能专业、学科资源丰富的学科教室，其功能有了质的飞跃。

“2012 年 12 月我来到北京，2013 年 7 月正式参与建校工作。仅凭以往的经验建这所新学校，内心的压力可想而知。一般而言，传统学校建筑空间分为教学教研区、行政办公区、运动休闲区和后勤服务区，其布局设计考虑到了彼此的动静态关系和空间的功能关系，一般学校都以相同的方式建造，大部分教学楼就像一个大盒子，被许多小盒子 —— 班级所切分。”李长青遇到了严峻的挑战。

“学校建筑是保障教育活动正常开展的必要条件，在促进学校效能提高方面有着不可替代的作用。在学校转型的今天，我们必须关注学校建筑与师生行为的关系，关注教育功能空间的合理设置与分布，归根结底是要弄清我们需要什么样的教育、我们需要什么样的教室。以知识传播为本位的学校建筑已经不能满足我们的需要。建筑如何支持学校转型后的育人模式，促进学生的发展？从建筑的宏观规划到微观设计，都需要变革。我们必须改变这个盒子。”李长青认真地说。

“学校转型后，育人模式在发生根本性的改变，学校的组织结构、课程体系架构、教育教学方式、管理模式都发生了改变，学校更加重视课程的整合和以深度学习为导向的新教学方式，尤其重视在项目中实现学习，通过师生互动、教学实践、学习质量测评等方式实现学生对知识的深度理解、运用、评价和创新。那么，承载这一切的教育空间，该怎样改变？建筑与空间设计该如何满足学生的需求？”这些问题萦绕在李长青的脑海中。

我和李长青边走边谈。“研究方案用了一个半月，对每一个数字都反复推敲。方案修改又用了一年，李希贵校长在设计蓝图上做了多处修改、标注、画线等，改动最大的就是留有空间。每几间教室外就有一个 40 — 60 平方米的港湾式空间，学生走出教室就可以三三两两聚到一起自由活动或交流。‘设计，让偶遇在校园里发生’，这便是李希贵校长坚持教学楼要有‘交流厅’的缘故。在李希贵校长看来，理想的走廊应该是‘人流加信息流’。这样不仅可以供学生穿行，还可以为他们带来各种各样的新信息。”李长青边走边说。

李长青校长在学校走廊上。

“是的，在常人眼中，学校建筑乃平常之物，作为教育活动发生的主要场所，学校建筑并非自然、自在之物，而是造型艺术之一。作为一种艺术，建筑本身就是一种文化。所以，建筑带着文化而存在，体现着一种价值追求。”对此，我非常认同。

“2013 年 8 月，吴奋奋交给我图纸，我们连续讨论、修改了八天。过去建学校，设计师按照传统学校的建筑标准进行设计，然后施工方按照设计施工，很省心。而如今，我们没有现成的标准，我们实际上是在创造未来学校的一个新标准。我们与设计师进行碰撞，教师提出要求，设计师进行设计，然后交给教师提修改意见，反复修改后再施工。你知道吗？共有 20 多位教师参与了学校建筑设计。正是因为注重实用性和标准化，并以满足新的需要为目标，才催生了新的设计。”

“这所学校是我这辈子建学校最操心的。”李长青接着说，“最困难的地方在于让十一的办学理念得到各方面的认可。每到关键时期，我们就拉着有关负责人去十一学校，前后去了五趟，一遍遍看，一遍遍修改方案，共修改了八稿。”

做预算时，投资方非常惊讶：“哎呀！你们这是云预算哪！”他们特别不理解，因为没有建过这样的学校。他们问：“你们要这么好的东西干什么？我们上中学的时候哪有这些个东西呀！”

李长青耐心地解释：“现在能和那个时候比吗？那个时候农村学校是黑屋子、土台子、泥孩子，今天还能这样吗？”他们终于明白：“这是在为大兴百姓造福哇！”

尽管李长青称自己建房子是“半瓶子醋”，其实，他是非常有经验的，心里也是有数的。“来到十一学校学习后，我下定决心按照十一的理念办学。”在十一学校的日日夜夜，李长青感受到了核心价值观和使命感的重要性。“十一从不放弃他们的核心价值观和高要求的行为标准。”这是他勇往直前的底气。

我们来到公共资源区，工业化裸顶设计，展现了构造机理及建筑美。门厅宽敞宏大，顶部的光照射下来光影变幻，这里被称为“光廊”。李长青介绍说：“你看，学校是一个立体式建筑群，整体布局呈模块式，单体与综合体相结合，体现了以学生为中心的观念。教学区由教学楼、综合楼、锅炉房、制冷站等八个单体组成，总建筑面积93313平方米，地上五层，地下两层，涵盖公共资源、教学、辅助三大功能。公共资源区有公共交流厅、剧场、中央图书馆、年级图书馆、风雨操场、游泳馆。各教学楼一层和顶层都是校级教学活动区，为各年级共享的教学活动空间；二层及以上为分年级教学活动区，布置不同年级相对独立的教室资源。羽毛球馆等都在离学生很近的地方，很快可以到达。七个戏剧教室分布在各个教学楼里。教学区有各类学科教室、高端实验室、动漫设计室、音乐厅、琴房、机器人教室、舞蹈教室、美术教室等。各教学楼可以直接到达各自的底层景观院落和公共资源部的室外活动场地。”望着眼前的一切，我发现，建筑整体布局跳出了通常以功能划分区域或者楼层的方式，而是依据方便学生的理念进行规划的。这种设计使得空间更加开放和共享化，满足了转型学校的教学要求。

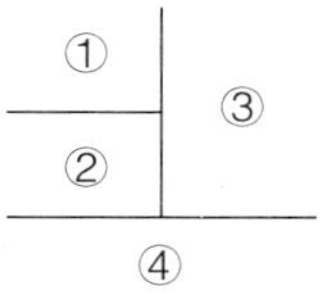

①动漫教室
②物理学科教室
③光廊
④图书馆

“哇！从来没有见过这么宽的走廊。”我边走边感叹。早就听说过美国中小学有“恐怖的走廊”之说，下课时，学生走出各自的教室汇集到走廊上，走向下一个教室，几百名学生一下子涌到走廊上，那情形确实蔚为壮观。如今，在北京亦庄实验中学，这种情形每天都会出现。因为这里是选课走班。基于此，对走廊进行了加高、加宽设计。走廊宽 10 米，长 150 米，既是通道，又是学生活动的场所。它成为一个良好的公共交往空间，促进了学生之间和师生之间的交流。如此大胆的设计，是我在一般学校没有见过的。接下来我又发现，各教学楼之间有专门的封闭式连廊，透过落地玻璃窗可以看到室外的风景，无论春夏秋冬，学生都可以在恒温的环境下自由穿行于各个教学楼之间。无论是楼道的设计还是教室的设计，都实现了学校建筑设计的诸多创新与突破。从建筑细节来说，学校的空间和室内设计都体现了高效、开放、灵活、便捷等特点。教室与教研室的连通、走廊的宽度、教室之间的隔断以及教室内家具的设计等，既可以保证不同课程或者活动的顺利开展，又可以满足学生的个性化需求。

沿着长廊一直走，我们来到最西端的中央图书馆，李长青说：“图书全部放在离学生最近的地方，形成三级图书阅览格局。中央图书馆在走廊的尽头，学生可以很方便地到达；每个年级都有年级阅览中心，每个楼层都有一个阅览角；学科教室里还备有学科专用书柜，学生可以十分便捷地拿到自己需要的书，也可以随时坐下来阅读。”

来到高中教学楼，李长青指着一间教室说：“你看，这所学校里没有教室是完全相同的。按照一般标准，教室的面积为一个学生使用一平方米，而亦庄实验中学的教室则不一样，有的教室64平方米，有的88平方米，有的120平方米，有的150平方米，还有的240平方米，完全根据课程的需要而定。”

“伴随着教育改革的步伐，学校的建筑设计正在打破空间界限，冲破传统的束缚，为学生提供开放且丰富的学习环境。教室成为各个小群体有效互动的场所，分组讨论或开会的空间变大，非正式学习和对话有了更为私密的空间。一方面，学习空间的设计要理解、重视、激活、引导并满足不同类型学习者的学习需求，营造丰富的学习情境和资源；另一方面，学习空间要适应新的学习需求，例如真实情境学习、项目学习、独立与合作学习等。所以，除一般性要求外，我们要确保这一目标的实现。”李长青十分肯定地说。

“我们生活和工作的环境，本身就是一个多层次、可分割，或物理性或结构性或功能性的封闭空间，改变这个封闭空间内存在的组件，并充分开发这些组件的其他功能，便能够满足学生的个性化发展需求。”李长青说。

正如李长青所说，他们抛弃了旧的空间分割方式，许多空间被设计成开放的，可以让师生创造出另一种可能。有的地方没有固定的桌椅，学生可以带着电脑随意选择学习场所，学习不再只是在教室里发生的行为，它变得无所不在，学生可能会选择任何一个舒服的空间学习，沙发、角落、楼梯等都可以。“为了提高建筑空间的灵活性，使其适应不同规模教学的需要，有些地方我们采用了没有墙壁的开放式设计，或者墙是可以很方便打开的，空间的打开孕育着更多可能。这样的空间设计使教育发生了许多意想不到的变化，这样的建筑形式会给学生的学习生活带来无限的可能。这样的尝试与实践让学习的时空发生了变化。”参观着一间间教室，我们谈论着学校建筑的每一个细节。

“要营造非正式学习空间，也就是个别化学习空间。个别化学习允许学生依据自己的学习进度、学习倾向安排学习。要设立适合个别化学习的独立空间。它应当是安静的，不受他人干扰，同时又有丰富的学习资源支持个别化学习。”李长青特别强调道。

“这里配置了最新的通信技术，拥有先进的局域网和尖端视听设备，网络覆盖每一个角落，每个年级的教材、资料、实验器具应有尽有。这里非常适合学生学习，各类学生都可以来这里学习，他们或是一个人，或是一个小组，学多学少及时间长短都由自己决定。要让学生拥有尽可能多的自由时间和自由意志，自由地追求他们的爱好，在老师的指导下相对自由地支配学习时间，选择学习内容，选择适合他们自己的学习速度。他们不再需要听铃声按课表上课，他们可以在任何时候进入他们最感兴趣的实验室，在老师的帮助下与其他同学一起学习。安全、支持性的环境能让学生踏上自我发现、自我尊重和自我指导的学习之路。”参与学校建筑设计的化学老师陈龙详细地向我介绍实验室。

学生的好奇心被激发起来的时候，就是他们学习效率最高的时候，而宝贵的好奇心不能被时钟牵着走。当他们沉下心来学习吸引他们的科目时，必须让他们自由地学习而不被打断，因为此时，他们头脑敏锐，思维活跃，更有能力征服他们在学习过程中可能遇到的任何难题。如果用铃声在指定的时间打断他们，并根据教学要求，强加给他们另一门课程，将是一件让他们多么痛苦的事情。

全新的教育理念让学校的教室“变形”了，这一“变形”让原来普遍意义上的教室有了全新的意义和境界。这一灵动的空间设计，使开放性学习、自主学习有机融合，使得处处是学习资源，处处是图书馆，处处是学生乐意去的地方。“形式决定功能”，老师们终于看到了形式的多重变换在激发学生学习中所产生的作用。

来到动漫老师王力杨的教室，我一看，真大呀！有 120 平方米。王老师告诉我，她将教室按功能划分为电脑学习区域、定格动画拍摄区域、手绘区域、阅览区域。这样，在一个空间里不同的学习模式交织在一起。

不仅如此，在学校的坚持下，许多地方都增加了无线路由器、摄像头、扬声器等，尤其是网线口比最初设计时增加了三倍多，为未来发展预留了空间。

每一门课程都有专业教室，而且有相当专业的配置，令新参加工作的教师感到十分惊讶。这是他们没有想到的。这样的配置可以帮助教师将现代技术整合到教学中。它作为一个工具，正在引领新的教育教学方式，甚至颠覆传统的教育方法。

每间教室都不一样。来到戏剧教室，一进门，我的视线瞬间就被挑高 5 米的教室调成了 30 度仰角。戏剧教室下沉 0.75 米，总层高达到 5 米。这里不像普通的音乐或美术教室，更像一个排练场。里面展示了学生的各种作品，还有排戏用的服装、道具，两侧的墙上铺满绿色植物，很有新意，给人生机盎然的感觉。刘占江老师说：

“我们致力于将现代艺术与东方传统美学相结合，以形成自己的独特魅力，让经典延续下去，并赋予经典更加蓬勃的生命力。”他的眼中闪烁的是对传统艺术的仰慕和赞赏，好像他的所有感官都被触动了。

讲台不再严肃地伫立在教室中央，而是栖于靠窗一侧，流线型的样子也少了些压迫感。

英语老师王少华向我讲了一个细节，她的教室是两位老师共用，为了交流方便，他们把两张办公桌摆在一起。一天，李长青来到教室，小声提醒了一句：“这样学生的空间是不是小了点儿？”王老师立即进行了调整，将两张桌子分别放到教室的角落里。在他们的心目中，空间是学生的，空间也是资源。

美术教室墙壁的下半部分是个平台，上面有水池和放物品的开放格子。教室里还配有操作台，上面安装了鹤脖形水龙头。在艺术老师易飞男的建议下，油画教室增加了洗手台，以方便学生。篮球场南侧有了洗手间，梁月老师说：“十分钟课间对走班上课的学生来说是很紧张的，我们要为学生考虑得更周到。”

来到图书馆，李长青抚摸着一张木质桌子说：“这是学生看书的地方。学校建筑不仅要在教室，还应在实验室、图书馆、校园、运动场、休憩处创建学习空间。图书馆不仅是藏书借阅之所，也可以是个人学习、小组合作学习、研究性学习之所，要给予学生个别化学习的小空间等。”

环顾四周，我发现，柔和的灯光使图书馆更添几分温馨，橘色、绿色的椅子间隔放置，撞击出生命的活力。两个六层的书架设计得有坡度，以方便学生选书。书桌的大小和高度都是根据学生的需求设计的。这里配置了音像、图书资料，在这里，学生真正从课本和教室的狭小天地里解放了，如同鱼入大海，鸟归山林，广泛而自由地摄取自己需要的营养。学生有被尊重和被珍视的感觉，会更加乐意待在这里。

据阅览中心的王超然老师介绍，开始设计阅览室时预留了教师办公区域，与学生完全隔离开，后来发现这样的设计使得学生的阅览空间变小，于是进行了调整，把空间完全打开，做成开放式的。四周沿着墙体是一组组阅读的地方，一个小圆桌，四把小椅子，看上去很温馨、很好看。可是，当老师坐上去时才发现桌子太小，只够一个人用，于是换成了大一点儿的桌子。原来沙发配的是矮茶几，然而，学生看书需要高一点儿的桌面，我们与厂家反复沟通，将茶几由原来的高 45 厘米加高到 75 厘米。所有改动都是从学生的需求出发，他们考虑的是学生的感受。

这时，李长青给我讲了几个细节。一天，他来到学校施工现场，发现楼道靠近窗户旁安装了不锈钢的扶手，立刻要求工人将之换成木质扶手。他认为，不锈钢扶手无论是在观感上还是在触觉上，都给人一种冷冰冰的感觉，学校是育人的地方，每一样东西都应该给学生温润的感觉、家一样的温暖。

教室里的黑板，有人建议用新材料烤漆玻璃，看上去高大上，但李长青说："这种材料反光强烈，让人感觉凉飕飕的。"在学校的坚持下换成了白板，看上去很舒服。白板四周环绕着软木板，上面学生习作、公告栏等板块错落有致。靠近窗户悬置着一个三层的植物角，郁郁葱葱，呼应着粉绿淡灰的桌椅，将知识和生活情趣交融在一起。

李长青经常提醒设计人员，学校的办公用具尽量用木制的，少用铝合金、塑料板的，木制的门、木制的墙裙、木制的楼梯扶手，无论是质地还是配色，都温润、简约，使学生感到温馨、舒适。在学校的坚持下，学生公寓的钢架床改成了木制的床，不仅考虑到学生的需求，注重便捷、安全，还特别在乎学生的感受。由此不难看出，学校建筑设计首先考虑的是功能，让建筑表现出人与环境、人与物的和谐关系，让学生获得美感，并在某种程度上影响学生的心理和认知活动。

无论是教室里还是走廊上，都设计了非常多的展示区域，走廊两侧有专门的学生作品展示柜，教室里有学生成果展示区，它们不同于传统的作业展示区，在这里你看到的是五彩缤纷的作品。它们在很大程度上影响了学生的课堂学习效率和质量。

北京亦庄实验中学建筑的每一个细节，都体现了学校转型后建筑理念的变化。为了透彻了解这一变化，我专门采访了十一学校的李希贵校长。对此，他有许多独到见解：“学校要为学生营造一种安静、温馨、安全的氛围。所以，学校的色彩要简单，不宜过多。太花了，就热闹了，就很难安静。我对学校的外观提出过一个要求，就是刚刚建起来的时候，看上去就像已经建成了 50 年，过上 50 年，看上去又好像新建的一样。无论是过去的人还是现在的人对它都没有陌生感。学校要有文化底蕴，就学校建筑而言，无论是样式还是色彩，我们都不追求社会流行的时髦东西，绝不跟风走。学校建筑有其独特的定位与内涵，应当按照育人的需要，遵循教育的本质去设计。”

“另外，根据人的活动规律，为了学生学习、生活的方便，不再搞校园动静分开，而是闹中取静。没有静，学生就无法专心学习；没有动，就不利于学生的成长。不再严格区分教学区、生活区、运动区，而是以学生活动为中心，实现功能交互。比如，艺术中心靠近餐厅，餐厅里也能排戏，这一功能的相对独立与相对交叉，突显的是教育功能。”李希贵校长进一步表达了他的观点。

他强调，学校建筑不仅要实用、坚固、美观，还要基于人性，合于人性，利于人性。学校除了要有学生开展学习活动所需要的环境之外，还要有可以促进学生身心舒畅的场所。一方面，需要考虑如何通过规划与设计，增加使用者的心理安全感、领域感、归属感和私密感，从而增强场所对人的吸引力。另一方面，需要考虑如何通过不同空间的设计，促进不同人群之间的沟通与交流，比如，设置适合人际对话、交流、沟通的座椅、凹室、会议室等，给学生提供和教师、同伴互动的机会。富有情趣与人文气息的餐厅、舞台、多层次交往空间等，可以帮助学生释放压力、缓解疲劳。富有人文意蕴与生活气息的校园，在使得师生身心舒畅的同时，增加他们的亲切感、归属感、认同感，提高他们在学校生活中的幸福感和生命质量。其实，学生出现打架斗殴、乱涂乱画、调皮捣蛋、逃学、厌学等行为与态度不端问题，有时候是因为学校缺乏令人身心舒畅的场所，缺乏足够的吸引力，学生的需求无法得到满足。这样，他们就会通过不恰当的途径和方式发泄自己的不满，进一步导致诸多纪律与行为不良问题产生。

李希贵校长进一步阐述："在设计学校建筑时，我们首先要厘清的是学生生活的脉络、人的成长需要的环境，为他们提供方便的空间。要按照学生的成长线去设计，为他们的成长提供各种可能。过去，我们只提供学习环境。学生除了学习之外没有地方可去，就会出现各种各样的纪律问题。那个时候，我们只要分数，有教室就够了，不需要其他地方。现在，我们要的是学生的成长，就必须有空间。有些成长，需要同伴互助、互动，而这些都需要空间。比如，学生在学校远翥楼是不可能打闹的，因为那里所有的地方都方便他们做事。他们只要在那里，就有事情可做。也许，这就是空间领导力吧。所以，必须提供充分的活动空间。我们把这看得十分重要。有些品质单靠在教室里做题是永远也无法形成的，个性特征仅仅靠说教是培养不出来的，必须有环境，有空间，有体验。所以，学校不仅要有教学区域，还要有公共区域。学生因为做事情而走到一起，就会产生教育，这样，沟通、协调能力就会得到提高。我们在设计建筑的时候特别强调这一点。无论教室多么紧张，都要想方设法腾出公共空间。"

走进十一学校，许多人都有这样的感受——教育对空间的要求在建筑中得到了贴切的体现。比如，教学楼、图书馆的每一层都有舒适的交流区。进入交流区，宽敞的空间、明亮的窗户、窗外的美景，让人不自觉地想打开心扉。几张柔软的红色大沙发靠窗形成大半个回字形，营造出暖洋洋的温馨氛围。房间的另一侧摆放了一张木质小桌子，桌子上的小花兀自笑得灿烂。一侧的墙面被设计成书架，周围还有四台电脑。头顶几个射灯投下柔和的光。在这里，师生像是友人那样交谈，舒适而自在。阳光透过明亮的大玻璃窗，打在师生那平静的脸上，你会感到他们过着充实、安静、有序的生活。

这些空间对实现学校教育功能具有重大价值。相对于教室，校园中的“冷僻角落”是学生社会化、交流和学习真正发生的场所。它们不论采取什么形式，最终都服务于一个目标——将人们聚集在一起，创造连接，鼓励交流，促进协作。

我十分清晰地记得一个细节，2016 年 7 月 13 日上午 9 点，在十一学校博物馆二层的办公室里，设计人员拿着色板在商议十一学校学生剧场座椅的颜色，其中一页是那种大众化、色调比较单一的图案，李希贵校长看了看摇摇头说：“这个不行。剧场是孩子们活动的地方，要选择他们喜欢的色彩、图案。不要太刻板，自然、活泼、随意比较好，符合孩子的心理……”

“电影院是比较静的地方，要用冷色调，让人一进去便会安静下来。”李校长强调。

“化妆间如何设计？”设计人员问。

“必须充分考虑功能，还要有艺术范儿。孩子们换下来的衣服以及手机、钱包要有地方放。一定要方便学生，我们是为学生而设计的。”

“化妆间安装什么样的镜子？”设计人员又问。

“设计的根据是什么？为什么要用这样的设计？看一看梅兰芳大剧院的化妆间用的是什么镜子，仿照它做。要给孩子们留下终生难忘的印象，让他们记住这里。”李校长建议。

“我们想在玻璃上印上比较时尚的图案。”设计人员说。

李希贵校长摇摇头说：“要把十一学校的历史照片印在上面，比如图书馆、学生食堂、教学楼等，让学生感受到学校的历史。”

“有没有饮水区？”李希贵校长问。

“要留一个茶歇的地方，孩子们饿了的时候，需要吃点儿东西。”李希贵校长嘱咐。

从这一个个细节中可以看出教育工作者的用心。其实，好的设计都有一个共同的特点——以学生为中心，为学生的成长服务。

正值春天，我再一次来到亦庄实验中学。校园里树叶青葱碧绿，鲜黄色的花朵亮得逼人眼目。

呀！好美呀！红墙红瓦的热情奔放、红窗灰线的温暖质感，传承着十一学校的红色革命精神；墙上“十一”镂空拼花的光影，彰显着“志远意诚，思方行圆”的人文底蕴。教学楼之间是一个枫林广场，种植了大片红枫树。学校里的廊道、广场、厅堂、庭院等，成为学生休憩、休闲的场所。一片小树林、一条林荫路、一排排休闲座椅，学生或休息停留，或散步赏景，或个人独处，或团体活动。

学生在这座 3.0 版的校园里已经生活了一年，处处可以看到他们与学校的互动。学校在显要的位置，包括教学楼的走廊、行政服务区门厅的墙壁上，镶挂着学生的作品以及名家大师的画像和名言。培养青少年良好的道德品质，是学校教育的重心，中小学阶段是青少年人生发展最为重要的时期，也是他们世界观、人生观、价值观形成的关键期。学校德育的实施要有良好的环境，学校通过恰当的方式将教育内容蕴含于建筑中，以对师生的道德品质产生潜移默化的影响。正如苏霍姆林斯基所言："孩子在他周围——学校走廊里的墙壁上、教室里、活动室里——经常看到的一切，对于他的精神面貌的形成具有重大意义。"

站在学校教学楼的露台上，我们凝望着远方，俯瞰这所中国的3.0版学校。"十一学校的根在哪里，道在哪里？"李长青直截了当地问我。

我说："它非常理想，又特别现实，扎根于中国传统文化，让传统的更加传统，当代的更加当代。"它既继承传统，又开拓创新。它既不同于西方学校，又不同于传统学校。

当一座座崭新的教学楼拔地而起时，李长青的心里似有一股隐忧袭上心头。如何驾驭这样一所有温度、会呼吸的学校？他陷入了深深的沉思。

"无论你有多么丰富的管理经验，无论你当了多少年校长，都很难管理这样一所学校。虽然我在十一学校进行了浸泡式学习，但是在操作层面上有些问题还是不能照搬，需要依据这里的实际情况解决。"我们谈到了学校的管理问题。

"在十一听到、看到、学到的，还需要再体验、再实践、再探索。建设一所新型的学校——民主、平等、自由呼吸的学校，每个人的角色到底怎么定位？师生在这样的环境里借助什么样的水分、雨露、阳光成长？人人都要创新，这样的学校用以前的办法根本无法管理。组织架构不是行政命令式的，纷繁复杂的课程体系架构不是校长一个人能完成的，学生生长的方式不一样了，学校的形态变了，再也无法用工业化的方式统一行动。校长必须打开自己，相信教师，敢于放手。但不是简单的'放'和'收'，而要在观念上、策略上引领。一定不能控制，因为控制会影响教师的积极性。多少年来，我们已经习惯了控制，离开了控制，就不知道怎么当校长了。真的，挑战很大。"李长青感受颇深。

"要体现人文关怀，尊重人性。以前是校长检查年级，年级检查班级，班级检查学生；现在是年级自己运行，实行真正意义上的扁平化管理，不是只有层级减少，而是人人都有事做。以前学校里哪有校长不知道的事，如今却不一样了，人人都是CEO，教师有很大的自主性，可以自己做许多事情。"教师潜能的激发，让李长青愈发感到肩头责任重大。

"校长转型，学校才能转型。只要想做，理由就只有一条——担当。如果不想做，则能找出千万条理由。只要你一心一意为学生发展服务，就会放下架子，就会有办法，就会不屈不挠。"尽管挑战巨大，但李长青的内心十分坚定。

"你后悔来十一吗？"我问。

"不后悔，因为我一直在追求本真的教育、人性的教育。真的，这是我内心里一直不变的追求。"李长青十分肯定地回答。

“如果没有这段经历，恐怕我一辈子都不会驻足品味自己的教育人生。”李长青的这番话让我心生感慨，这座恢宏建筑的每一个细节都充分地诠释了这位校长的追求。几十年来，一座座校园，似一颗颗珍珠串联起他的生命长链，而亦庄实验中学则是他生命长链中最为灿烂的一环。

这让他始料不及，甚至有一点儿匪夷所思，自己不过是在惯性向前的人生路上拐了一个弯儿，便收获了与众不同的生命色彩。

眺望着北京西边如彩的晚霞，李长青深情地感慨：“建了一辈子学校，没想到，过了知天命之年，竟然跑到北京建了一所这么大的学校。这一次玩得有点儿大了，真是自己把自己吓了一跳。”

结　语

这是关乎觉悟的故事。

觉悟亦作“觉寤”，即觉醒之意，指在经历迷惑和挫折之后，领悟到了事物的本质，由迷惑走向明白，由模糊走向清明，进入一种清醒或者知觉的状态。

每个人的内心深处，都有一个理想的伊甸园，让人无限憧憬，无尽向往。然而，太多的放不下，让人走不动，最终难以抵达。

这个世界上，最难说服的，是我们自己。

一个人走向怎样的未来，在很大程度上取决于他如何面对自己的过去。

一直以来，我们都认为自己被命运扼紧喉咙，定睛细看才发现，扼紧我们喉咙的却是我们自己。

谁都不能安排你的生活，除了你自己，除非你同意。

当一颗心摆脱了俗世的滋扰，当安妥了的灵魂回到精神的故乡时，那一刻，一个生命，一定优雅地说服了自己。

生命，最好的状态就是一直处于改变的过程之中。

其实，我们都是自我价值的布道者，有人殉道，有人放弃，有人走到了圣殿。

安东尼·多尔说："世人分为两类，向平凡生活投降的人，和为它英勇而战的人。"

的确，面对那一道道门、一面面墙、一座座山，你可以有一万个理由说"我过不去"。

但是，过去了，就是另一片天。

只是，你愿不愿意过去？

图书在版编目（CIP）数据

嫁接十一学校：六位教育者的寻变之旅 / 李建平著. —北京：中国人民大学出版社，2017.12
ISBN 978－7－300－25234－6

Ⅰ. ①嫁⋯ Ⅱ. ①李 ⋯ Ⅲ. ①中学教育—教学改革—经验—北京 Ⅳ. ①G639.21

中国版本图书馆CIP数据核字（2017）第300460号

嫁接十一学校：六位教育者的寻变之旅
李建平　著
Jiajie Shiyi Xuexiao：Liu Wei Jiaoyu Zhe de Xun Bian Zhi Lü

出版发行	中国人民大学出版社			
社　址	北京中关村大街31号	**邮政编码**	100080	
电　话	010－62511242（总编室）	010－62511770（质管部）		
	010－82501766（邮购部）	010－62514148（门市部）		
	010－62515195（发行公司）	010－62515275（盗版举报）		
网　址	http://www.crup.com.cn			
	http://www.ttrnet.com（人大教研网）			
经　销	新华书店			
印　刷	北京东君印刷有限公司			
开　本	168 mm × 239 mm　16开本	**版　次**	2017年12月第1版	
印　张	11　插页1	**印　次**	2018年11月第2次印刷	
字　数	125 000	**定　价**	39.80元	